COMPACT KURDISH-KURMANJI

Textbook with Exercises,

Key and Audio-CD

Abdullah Incekan

Translated from German
by Karima Kotb

REICHERT VERLAG WIESBADEN 2014

Bibliographic information published by the Deutsche Nationalbibliothek

The Deutsche Nationalbibliothek lists this publication in the Deutsche Nationalbibliografie;
detailed bibliographic data are available in the Internet at
http://dnb.dnb.de.

© 2014 Dr. Ludwig Reichert Verlag Wiesbaden
ISBN 978-3-89500-959-4
www.reichert-verlag.de

TABLE OF CONTENTS

Preface 9
Acknowledgement 10
Abbreviations 10

THE ALPHABET 11

DÎYALOG YEK 16
    Grammatical Case 19
    Personal Pronouns in the Direct Case 19
    Copula: *bûn* 20
    The Interrogative Sentence 20
    The Sounds «x» and «w» 22
    Greeting 23
    Parting 23

DÎYALOG DUDI 24
    The Numbers / *Hejmar*: 1–12 25
    Time / *Seet* 26
    The Vocative Case 26

DÎYALOG SISÊ 30
    Name / *Nav* 31
    Age / *Emr* 31
    The «h»-Sound 32
    The «e»-Sound 33

DÎYALOG ÇAR 34
    Affirmative and Negative Answers I 34

DÎYALOG PÊNC 37
    Affirmative and Negative Answers II 37

DÎYALOG ŞEŞ 39
    Gender 42
    Ezafe 42
    Possessive Pronouns 43

The Present Tense 44

The Plural in the Present Tense 49

HEYWANÊN KEDÎ Û HEYWANÊN KÛVÎ 51

Adjectives 54

Demonstrative Pronouns in the Direct Case 54

The Semivowel 54

NEWZAD ACIZ DIBE 58

The Negative Form in the Present Tense 59

The Verb *hatin* 60

The Numbers / *Hejmar:* 1–99 62

DARA ZIMANAN / LANGUAGE TREE 64

Language Names / *Ziman* 66

Repetition: *Hejmar:* 1–99 67

DÎYALOG HEFT 68

Negative Form of the Verb *zanîn* 68

Sentence Structure 68

HIN CUMLE 70

The Indefinite State 71

Hejmar: 100 – ~ 73

NEJAT NAMEYEKÊ DINIVÎSE 74

The Oblique Case 77

Preposition and Circumposition 78

Verbs with a Prepositional Object 79

Sentence Structure 79

Demonstrative Pronouns in the Oblique Case 80

Telling Time 80

Adverbs 80

DÎYALOG HEYŞT 85

The Indefinite Suffix and the *Ezafe* Suffix 86

The Expression of Possessive States 86

To Have: *Heye/Hene* 88

Heye/Hene – The Negative Form 88
Ezafe suffix: Overview 92

DÎYALOG NEH 93
The Imperative 95
The Negative Form of the Imperative 96
Xwe as a Possessive Pronoun 97
Demonstrative Pronouns in the Oblique Case 98
That / Those 99

DÎYALOG DEH 103
Grammatical Mood: The Subjunctive 105
The Negative Form of Modal Verbs 106
The Sentence Structure in the Subjunctive Mood 106
Different Subjects in the Subjunctive Mood 110

NEJAT NAMEYEKE DIN DINIVÎSE 113
The Future Tense 116
The Negative Form of the Future Tense 116
The Plural in the Future Tense 117
The Attribute 117
I believe, that ... / *Ez bawer im ku* 118
The Composition of Verbs 118
Preposition and Circumposition II 123

JI ÇAPEMENÎYÊ 127
The Passive Voice 131
Repetition: The Verb *hatin* 131
The Nominalisation of Verbs 132
Names of the Days of the Week / *Navên Rojan* 132

ÇEND PÊKENOK 135
The Perfect Stem 139
The Simple Past Tense / Preterit 139
The Negative Form of the Simple Past 140
Personal Pronouns in the Oblique Case 145

Ergativity 145
Repetition: Verbs in the Past Tenses 146
The Negative Form of Transitive Verbs 146
Ergativity II 151
The Present Perfect Tense 152

JI EDEBÎYATA KURDÎ: XEZALA MIN, DELALA MIN 153
The Imperfect Tense 156
The Past Perfect Tense 159
Time: Minute Indication 161

APPENDIX
Answer key / *Mifte* 163
Glossary Kurdish – English 219
  / *Ferhengoka Kurdî – Îngilîzî*
Glossary English – Kurdish 245
  / *Ferhengoka Îngilîzî – Kurdî*
Verb Stems / *Herdu kokên fi'îlan* 269
Index / *Îndeks* 272
First Names / *Navên Keç û Lawan* 274
Track list 276

PREFACE

Compact Kurdish systematically provides the basis of the Kurdish language *(Kurmancî)* in a learner-oriented format in 19 chapters. The textbook is primarily aimed at students who want to learn Kurdish from the beginning.

However, it can also be used by native speakers who want to better comprehend Kurdish grammar and written aspects of the language, since the majority of them has no institutional support in the systematisation of their own mother tongue.

In order to meet the intended objective, each chapter is structured as follows:

> dialogue / text
> vocabulary
> grammatical explanations
> exercises

The dialogues / texts are taken from everyday situations of all native Kurdish countries as well as Kurdish who have emigrated to other countries. However, they are built up gradually to match the level of language of the learner.

Each text is additionally available in audio form on the included **CD**, where you will also find pronunciation exercises. In order to facilitate the learner's access to the texts, many pictures have been drawn specifically for use in this book.

In order to optimize an autodidact's learning success, the following supplements have been added:

- answer key
- glossary Kurdish – English
- glossary English – Kurdish
- index of the two verb stems
- word index

Compact Kurdish first appeared under the title «Ez Kurdî Hîn Dibim – Pratik Kürtçe Dersleri» (I learn Kurdish – Practical lessons in the use of Kurdish) in June 2009 in Istanbul (published by Nûbihar). The sixth edition of the Turkish version has meanwhile been released. Thereafter the book was transcribed into German by the author and adapted to the German target group. It was published in 2010 by the Reichert-Verlag.

ACKNOWLEDGEMENT

At this point I would like to thank several people, who supported me with the preparation of this book. In particular, I am greatly indebted to my mentor Dr. Rosemarie Neumann. Gelek spas, Rosiya delal!
Without the big support of Jürgen Schardt, I would not have been able to produce this CD. Thank you very much, Jürgen. Fatoş, Gulê, Selman and Yusuf contributed to this project with their voices on the CD. Thanks a lot to all of you! Hûn her hebin! I would like to kindly thank my publisher Ursula Reichert, who has given a home to Kurdology with the publishing of Compact Kurdish and other books about this field. The name of Dr. Ludwig Reichert publishing house will not only have a special place in the German field of Kurdology.
For the translation of the German version into English, I cordially want to thank Karima Kotb. I would also like to express my deepest gratitude to my editor, Dr. Sigrun Kotb. Thanks to character traits such as her constant helpfulness, her expertise, her structured nature, her tranquility and her listening, I always feel at home at the publishing house.

ABBREVIATIONS

aux.	auxiliary
circumpos.	circumposition
conj.	conjugate
f.	feminine
i. e.	for example
intr.	intransitive
îst. (îstiqamet)	direction verb
m.	masculine
obl.	oblique case
p.	person
pl.	plural
prep.	preposition
sing.	singular
s.	see
tr.	transitive
v.	verb

THE ALPHABET

alphabet	description	example (English)	example (Kurdish)
A – a	long	father	Aram (♂)
B – b		ball	Berfîn (♂)
C – c		job	Ciwan (♂)
Ç – ç	as the aspirated «ch» in English	check	Çetîn (♂)
D – d		desk	Dilber (♀)
E – e	short «e» represents two sounds: 1. as the English «a» as in bat 2. with words that are borrowed from the Arabic language like the Arabic letter ع	accept –	Elîf (♀) Emer (♂)
Ê – ê	long, like «ai» without the y-offglide	elevator	Êzdîn (♂)
F – f		fruit	Ferîde (♀)
G – g		grow	Gulê (♀)
H – h	«h» represents two sounds 1. like in English 2. with words that are borrowed from the Arabic language like the Arabic letter ح	hold –	Hêlîn (♀) Hesen (♂)
I – i	short as the Turkish letter «ı»	drink	Hisên (♂)
Î – î	Long, as the English letter combination «ee»	week	Îrfan (♂)
J – j		pleasure	Jale (♀)
K – k		key	Kejê (♀)

L – l		love	**Leman** (♀)
M – m		mouse	**Melek** (♀)
N – n		night	**Nalan** (♀)
O – o	kurz	often	**Osman** (♂)
P – p		pain	**Perwîn** (♀)
Q – q	no equivalent to the English language, as the Arabic letter ق	–	**Qasim** (♂)
R – r	trilled r	red	**Reşat** (♂)
S – s	voiceless «s»	story	**Semih** (♂)
Ş – ş	as the letter combination «sh» in English	show	**Şemdîn** (♂)
T – t		toy	**Tewfîq** (♂)
U – u	short	put	**Gulê** (♀)
Û – û	long	boot	**Ûsib** (♂)
V – v		very	**Evîn** (♀)
W – w	as the Arabic letter و	water	**Weysel** (♂)
X – x	as the Arabic letter خ	Loch Ness	**Xebat** (♂)
Y – y		yes	**Yelda** (♀)
Z – z	voiced «s»	zoo	**Zeyneb** (♀)

♂ = boy names   ♀ = girl names

1. Listen (⊙: 2 / dudi) and repeat the names.

Aram	Gulê	Nalan	Gulê
Berfîn	Hêlîn – Hesen	Osman	Ûsib
Ciwan	Hisên	Perwîn	Evîn
Çetîn	Îrfan	Qasim	Weysel
Dilber	Jale	Reşat	Xebat
Elîf – Emer	Kejê	Sebah	Yelda
Êzdîn	Leman	Şemdîn	Zeyneb
Ferîde	Melek	Tewfîq	

2. Listen (⊙: 3 / sisê) and repeat the names in order to learn the pronunciation of the letters ê, q, x and w.

Ê – ê   Êzdîn, Fatê, Hêlîn, Hêja, Hêvî, Mêrxas, Rênas

Q – q   Qedrî, Qasim, Qulîxan, Qerê, Quto, Qeşeng, Qîmet

X – x   Xêrîya, Xêro, Xanî, Xecê, Xelef, Xwedêda, Xezal

W – w   Wezîr, Wesîla, Ciwan, Cewê, Newzad, Serwet

3. Listen to the names (⊙: 4 / çar) and fill in the missing letters.

___ ebat	___ elî	Fe ___ î	H ___ lîn
Ce ___ ad	___ eşnav	___ esen	___ ejê
Gul ___	Sil ___ man	___ ezîr	El ___ f
___ elat	Per ___ în	Cî ___ an	Cizir ___
___ akîr	___ edat	___ ahît	E ___ în

4. Fill in the letters in alphabetical order.

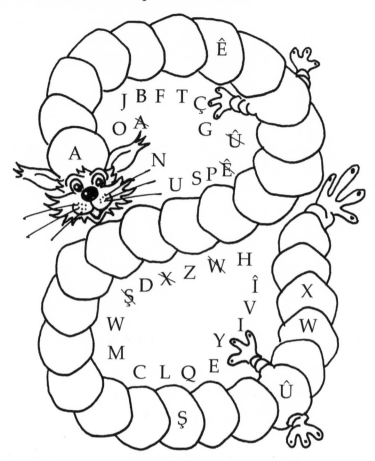

5. a) What letters exist in Kurdish but not in English?

....

b) How many vowels exist in Kurdish? What are they?

....

c) How many consonants exist in Kurdish? What are they?

....

6. Listen (⊙: 5 / pênc) and repeat the names.

C – c	Cemşîd, Cewdet, Casim, Cîhat, Cemîle, Canan, Can
Ç – ç	Çaçan, Çopî, Çîya, Çinar, Çira, Çolo, Çem
I – i	Dirbas, Dildar, Fadil, Filînta, Binefş, Bihar, Dilnaz
J – j	Jale, Jîyan, Rojîn, Rojda, Rojên, Rojbîn, Diljen
S – s	Sêvdîn, Selîm, Silêman, Sûzan, Sitî, Sînemxan, Sosin
V – v	Binevş, Bêrîvan, Dilovan, Evîn, Havîn, Hêvî, Kûvî
Z – z	Zeyneba, Zînê, Zînnet, Zeytûn, Zilkîf, Zozan, Zal

7. Listen to the names (⊙: 6 / şeş) and fill in the missing letters.

Bê __ an	__ îya	Ber __ em	__ îxerxwîn
__ îhan	__ erfînaz	So __ in	__ orgul
__ em	__ eladet	__ ira	C __ wan
Ç __ nar	Gelaw __ j	Hê __ ar	D __ lkanî
D __ lnaz	Ke __ ê	Ro __	__ îno
__ îya	A __ ê	A __ şîn	__ êrrîn
__ akîr	__ edat	__ ahît	E __ în

DÎYALOG YEK

Hecî Mexso û hecî Mûsa sohbet dikin. Sohbet germ e, lê Newzo dikeve odeyê.

Newzo:	Êvara we bi xêr!
Hecî Mexso:	Êvara te jî bi xêr! Merheba.
Newzo:	Hûn baş in, înşaellah?
Hecî Mexso:	Xwedê emrê te dirêj bike! Ez baş im. Tu jî baş î?
Newzo:	Ez jî baş im hecî, destê te radimîsim.
Hecî Mûsa:	Merheba.
Newzo:	Merheba, apo. Tu baş î, înşaellah?
Hecî Mûsa:	Sax bî, birazî. Tu jî rihet î?
Newzo:	Ez baş im, hecî! Destê te radimîsim.
Hecî Mûsa:	Mistefa çawa ye?
Newzo:	Baş e. Destê te radimîsim.
Hecî Mexso:	Îcar hecî em werin ser meşa hespan...

New Vocabulary / *Kelîmeyên Nû*

dîyalog *(f)*	dialogue
hecî *(f/m)*	pilgrim / the Hajji
û	and
sohbet dikin	they talk to each other
sohbet *(f)*	conversation
germ	cordial
e	to be (3rd person singular)
lê	but
Newzo dikeve odeyê.	*Newzo enters the room.*
êvar *(f)*	evening
bi xêr	blessed
Êvara te bi xêr!	*Good evening!* (addressed to one person)
Êvara we bi xêr!	*Good evening!* (addressed to several persons)
Êvara te jî bi xêr!	*Good evening!* (response – addressed to one person)
Êvara we jî bi xêr!	*Good evening!* (response – addressed to several persons)

Tu jî bi xêr hatî!	*Welcome!* (literally: And you are very welcome, too!)
hûn	you (2nd person plural)
baş	fine, good
in	to be (2nd person plural)
Hûn baş in?	*Are you well?*
merheba	hello
înşaellah	hopefully, God willing
Xwedê emrê te dirêj bike!	*May God give you a long life.*
ez	I
im	to be (1st person singular)
Ez baş im.	*I am doing well.*
tu	you (2nd person singular)
jî	also, too
î	to be (2nd person singular – after a consonant)
Destê te radimîsim.	*Thank you!* (literally: I kiss your hand – sign of modesty / respect; towards elders)
apo	*uncle!* (from the father's side)
sax	healthy, alive
sax bî	*Thank you!* (literally: Be healthy!)
birazî *(m)*	nephew
rihet	fine, pleased
Tu jî rihet î?	*And how are you?* (literally: Are you also fine/pleased?))
çawa	how
ye	to be (3rd person singular – after a vowel)
ew	he/she/it
îcar	now
Îcar em werin ser meşa hespan.	*Let's get back to the topic of horse-racing.*

In «New vocabulary / *Kelîmeyên Nû*» the definition of newly introduced words is given.

Example sentences are in italics.

Before introducing the present tense, the verbs are indicated in the form in which they appear in the text.

1. *Fill in the personal pronouns.*

      _____ (I)   em (_____)

      _____ (you)   hûn (_____)

      _____ (he/she/it)   ew (_____)

2. *Words that follow the word* baş *in a dialogue, are conjugated forms of the copula* (bûn – to be) *in the present tense.*
   Read the dialogue again and underline these words.

3. *Complete the sentences.*

   I am doing well.   –   Ez _____

   You are doing well.   –   Tu _____

   He/She is doing well.   –   Ew _____

   We are doing well.   –   Em baş in.

   You are doing well. (pl.) –   Hûn _____

   They are doing well.   –   Ew baş in.

Grammatical Case

The Kurdish language has three cases: vocative, direct and oblique. The vocative case is easily constructed but is used rarely, in contrast to the other two cases.

In this book we will use the terms direct case, which marks the subject, and oblique case, which marks the object. These Latin terms ensure the grammatical precision in the Kurdish language and will facilitate learning. Correspondingly, these grammatical terms will be described in detail and practised.

Personal Pronouns in the Direct Case

Singular	Plural
ez (I)	*em* (we)
tu (you)	*hûn* (you)
ew (he/she/it)	*ew* (they)

Kurdish uses two types of personal pronouns: personal pronouns in the direct case and personal pronouns in the oblique case.

These two types of personal pronouns as well as how they differ will be explained in detail later.

Since the 3rd person singular is identical to the plural form, their difference can only be spotted by looking at the verb (in the example sentences of the copula forms).

Ew baş e.	–	He is doing well. (literally: He is good.)
Ew baş in.	–	They are doing well. (literally: They are good.)

Copula: *bûn*

The copula verb *to be* is different depending on whether it follows a consonant or a vowel.

After a Consonant

Singular	Plural
*Ez baş **im**.*	*Em baş **in**.*
*Tu baş **î**.*	*Hûn baş **in**.*
*Ew baş **e**.*	*Ew baş **in**.*

After a Vowel

Singular	Plural
*Ez rêwî **me**.*	*Em rêwî **ne**.*
*Tu rêwî **yî**.*	*Hûn rêwî **ne**.*
*Ew rêwî **ye**.*	*Ew rêwî **ne**.*

(*rêwî* – the traveller)

Bûn is identical in all three plural forms, so the difference is made by adding the corresponding personal pronoun.

> ORTHOGRAPHY – RASTNIVÎSÎN
>
> *Bûn* is written separately.

The Interrogative Sentence

Polar questions (yes–no questions) are formed by stressing the last syllable before the copula verb (*bûn*). In other words, the interrogative sentence differs from the affirmative sentence only through its intonation:

Hûn baş in.	-	You are doing well.
Hûn <u>baş</u> in?	-	Are you doing well?

In probe questions, interrogative words (like *çawa*) are used:
Mistefa çawa ye?
Mistefa baş e.

4. Form sentences with the help of the words in the box. Example:

I am beautiful.	– Ez bedew im.
You are beautiful.	– Tu bedew î.
He/she/it is beautiful.	– Ew bedew e.
We are beautiful.	– Em bedew in.
You are beautiful. (Pl)	– Hûn bedew in.
They are beautiful.	– Ew bedew in.

> **New Vocabulary / Kelîmeyên nû**
>
> | | | |
> |---|---|---|
> | pîr | – | old *(only for persons)* |
> | zarok *(f)* | – | child |
> | nexweş | – | sick, ill |
> | jêhatî | – | assiduous |
> | telebe *(f/m)* | – | student |
> | kal | – | old *(only masc.)* |
> | doxtor *(f/m)* | – | doctor |

5. Form sentences following the example.

ew – xort – jêhatî
Ew xort e. Ew jêhatî ye.

ez – ap (uncle) – hecî; Zozan – nexweş – pîr; Xêrîya – rêwî – baş

6. Fill in the gaps.

Elî (E), Gulsim (G)

E: Tu baş î, Gulsim?

G: Ez baş _____, lê tu?

E: _____ jî baş _____. Ehmed çawa ___?

G: Ehmed baş ___.

E: Zarok çawa ____?

G: Ew jî baş _____.

7. a) Read the questions with the right intonation. Underline the syllable that is stressed.

Zarok nexweş in?

Telebe jêhatî ne?

Xêrîya rêwî ye?

Gulsim baş e?

Zozan hecî ye?

Xort bedew e?

b) Check your intonation. (⊙: 8 / heyşt).

⊙
8

The Sounds «x» and «w»

If the sounds «x» and «w» are adjacent in a word, they are pronounced as one complex sound.

8. Listen (⊙: 9/ neh) and repeat.

9

xwarin (food)

Xwedê (God)

xwesî (mother-in-law)

xweş (beautiful)

xwe (self)

xwedî (owner)

xwendin (read, study)

xwelî (earth, soil)

xwestin (want, would like)

xweng (sister)

xwendevan (student)

xwêdan (sweat)

xwîn/xwûn (blood)

xwîşk (sister)

Greeting

greeting	possible response	translation
Rojbaş!	*Rojbaş!*	Hello!
Êvarbaş!	*Êvarbaş!*	Good evening!
Şevbaş!	*Şevbaş!*	Good night!
Sibeha te bixêr!	*Sibeha te jî bixêr!*	Good morning! (addressed to one person)
Sibeha we bixêr!	*Sibeha we jî bixêr!*	Good morning! (addressed to several persons)
Êvara te bixêr!	*Êvara te jî bixêr!*	Good evening! (addressed to one person)
Êvara we bixêr!	*Êvara we bixêr!*	Good evening! (addressed to several persons)
Şeva te bixêr!	*Şeva te jî bixêr!*	Good night! (addressed to one person)
Şeva we bixêr!	*Şeva we jî bixêr!*	Good night! (addressed to several persons)

Parting

parting	possible response	translation
Bi xatirê te!	*Oxir be!*	Good bye! (addressed to one person)
Bi xatirê we!	*Oxir be!*	Good bye! (addressed to several persons)
Mala te ava!	*Mala te jî ava!*	Thank you! (addressed to one person)
Mala we ava!	*Mala we jî ava!*	Thank you! (addressed to several persons)
Rojbaş!	*Rojbaş!*	Good day!
Êvarbaş!	*Êvarbaş!*	Good evening!
Şevbaş!	*Şevbaş!*	Good night!

DÎYALOG DUDI

Hecî Mûsa:	Seet çi ye, birazî?
Newzo:	Seet neh e, apo.
Hecî Mûsa:	Deh e?
Newzo:	Na, na, neh. Yani dokuz!
Hecî Mûsa:	Birazî, ez kerr im?
Newzo:	Rica dikim, apo!

New Vocabulary / *Kelîmeyên Nû*

dudi	two
seet *(f)*	clock
çi	what
deh	ten
na	no
Yani dokuz!	*I.e. nine!* (Turkish)
kerr	deaf
Rica dikim.	*I beg you.*

The Numbers / *Hejmar:* 1–12

0   sifir

1   _____

2   _____/du

3   _____/sê

4   _____

5   _____

6   _____

7   heft

8   heyşt

9   _____

10 _____

11 yanzdeh

12 donzdeh

(Complete the missing numbers *one, two, three, four, five, six, nine* and *ten*. You find them on the first pages.)

The Use of Numbers with Nouns

The numeral *yek* (one) acts like a suffix and is appended to the word. It is *-yek* after a vowel and *-ek* after a consonant:

rêwî-yek	–	a traveller
zarok-ek	–	a child

The other numbers are put in front of the noun:

çar zarok	–	four children

When stating the time, the numbers *two* and *three* are used in the two forms *dudi* and *sisê*:

Seet dudi ye.	–	It is two o'clock.
Seet sisê ye.	–	It is three o'clock.

However, when these two numbers are utilised attributively, i.e. in front of the noun, the forms *du* and *sê* are used, respectively:

du zarok	–	two children
sê zarok	–	three children

Time / *Seet*

In order to express the solid hour, the copula verb *(bûn)* is used in 3ʳᵈ person singular with the word *seet*, which functions as a subject:

subject	number	copula verb
Seet	*neh*	*e.*
Seet	*dudi*	*ye.*

The following shows how to ask for the time:

Seet çi ye?	–	What time is it?
Seet çend e?	–	What time is it? (*çend* – how many)

The answer is based on the same structure as explained above: Subject, number, copula verb.

Seet çi ye?	–	What time is it?
Seet neh e.	–	It is nine o'clock.
Seet çend e?	–	What time is it?
Seet dudi ye.	–	It is ten o'clock.

The Vocative Case

When somebody is being spoken to directly, his/her name or the noun will be followed by the suffix of the so-called «vocative case»:

masculine	*-o,*	(*Ehmedo* – Ahmet!)
feminine	*-ê,*	(*Berfinê* – Berfin!)
both genders in the plural form	*-(i)no*	(*zarokino* – children!)

In the text *Dîyalog Dudi* the word *apo* (uncle!) is in the vocative. In the course of time the vocative suffix has been applied for some first names without being an actual vocative case, such as the names *Kejê, Rizo, Ehmedo*.

1. Connect.

yek	2
dudi	4
sisê	5
çar	7
pênc	1
şeş	3
heft	8
heyşt	9
neh	10
deh	6

2. Learn the numbers by heart by tossing two dice and saying the numbers out loud.

3. Fill in the right time.

_____

Seet deh e.

_____

_____

_____

_____

_____

_____

_____

Seet neh e.

4. Write dialogues following the example.

Rizgo, Elî (10)
R: Elî, seet çend e?
E: Seet deh e.

Silêman (1), Xêrîya (8), Mişîqe (4), Ronahî (12), Gulfîdan (6), Aram (7), Rêzan (3)

5. Add the right vocative suffix to the name.

Aram (♂)   Aramo
Berfîn (♀)   ....
Ciwan (♂)   ....
Dilber (♀)   ....
Êzdîn (♂)   ....
Hêlîn (♀)   ....

Gulsim (♀) ....

Perwîn (♀) ....

Qasim (♂) ....

Tewfîq (♂) ....

Weysel (♂) ....

Xebat (♂) ....

6. Can you guess the meaning of these words? How?

«Euro words»	
	meaning
kartol *(f)*	
radyo *(f)*	
texsî *(f)*	
şofêr *(f/m)*	
doxtor *(f/m)*	
otobês *(f)*	
tomatês *(f)*	
erd *(m)*	
tîren *(f)*	
turîst *(f/m)*	
telefon *(f)*	
mîgren *(f)*	
bisîklet *(f)*	
tramvay *(f)*	
henne *(f)*	
lambe *(f)*	
kompûter *(f)*	

DÎYALOG SISÊ

Rizo:	Navê te çi ye?
Xezal:	Xezal. Navê min Xezal e.
Rizo:	Xezal tu çend salî yî?
Xezal:	Ez donzdeh salî me.
Rizo:	Lê navê te çi ye?
Ûsib:	Navê min Ûsib e.
Rizo:	Tu çend salî yî, Ûsib?
Ûsib:	Ez şeş salî me.

New Vocabulary / *Kelîmeyên Nû*

nav *(m)*	name
Navê te çi ye?	*What is your name?*
Navê min Xezal e.	*My name is Xezal.*
Navê min ... e/ye	My name is ...
çend	how many, how much
... salî	... years old.
Xezal tu çend salî yî?	*How old are you Xezal?*
Ez donzdeh salî me.	*I am twelve years old.*

Name / *Nav*

Navê te çi ye?	–	What's your name?
Navê min ... e.	–	My name is …
Navê min ... ye.	–	My name is …

Age / *Emr*

In order to express age, the conjugated form of the copula verb *(bûn)* is used with the word *sali* (years old). The number stands in front of the word *sali*.

In the interrogative sentence, when asking for someone's age, the question particle *cend* is put in front of the word *sali*:

Tu çend salî yî?	–	How old are you?
Ez sê salî me.	–	I am three years old.

---

1. Write the dialogues following the example.

Rizo û Ehmed (9)

R: Navê te çi ye?

E: Navê min Ehmed e, apo.

R: Tu çend salî yî, Ehmed?

E: Ez neh salî me.

Berfîn (6), Xezal (10), Nûrê (12), Rohat (4), Xêrîya (11), Silêman (5), Gulsim (8)

The «h»-Sound

The letter «h» represents two sounds. It usually corresponds to the sound [h] such as in *house, hold, help* ...

With words borrowed from the Arabic language, the letter «h» represents a sound that has no equivalent in the English language (the strongly aspirated arabic ح-sound).

Because this sound cannot be expressed with a Latin alphabet, you must memorise how individual words containing this sound are pronounced.

In this book, this h-sound (ح), that does not exist in English, is marked by underlining.

⊙
12

2. Listen (⊙: 12 / donzdeh) and repeat. Underline «h» when you hear the Arabic ح-sound.

Hêlîn	hecî
Heval	merheba
hêk (egg)	henne
hesp (horse)	Hekarî
hevîr (dough)	Hemdî
hirî (wool)	Helebçe
hêdî (slowly)	Heyder
hûn	hîjdeh

The «e»-Sound

The letter «e» represents two sounds. It is close to the English sound [a] as in **a**ccept or b**a**t.

With words borrowed from the Arabic language, the letter «e» represents a sound that has no equivalent in the English language (the arabic ع-sound)

Because this sound cannot be expressed with a Latin alphabet, you must memorise how individual words containing this sound are pronounced.

In this book, this e-sound (ع), that does not exist in English, is marked by underlining.

3. Listen (⊙: 13 / sêzdeh) and repeat. Underline «e» when you hear the Arabic ع- sound.

erzan (cheap)

ew (he/she/it)

eşkere (obvious)

ev (this)

ez (I)

edebîyat (literature)

em (we)

erebe (car)

erd (soil)

eşîr (root, aristocratic)

enî (forehead)

enîşk (elbow)

emr (age)

eynî (same)

DÎYALOG ÇAR

Xezal:	Tu baş î, Ûsib?
Ûsib:	Na, ez ne baş im.
	Lê tu?
Xezal:	Ez jî ne baş im.

Affirmative and Negative Answers I

The answer in the affirmative is composed of the conjugated form of the copula verb, the subject, and the noun or the adjective:

subjekt	noun or adjective	copula verb	translation
Tu	*baş*	*î?*	How are you?
Ez	*baş*	*im.*	I'm fine.

In order to emphasize the affirmative answer, the word **erê** or **belê** can be put in front of the sentence.

To form a negative statement, the particle **ne** is placed in front of the word, that you want to make negative.

Tu baş î?	–	*Ez **ne** baş im.*
How are you?	–	I am not doing well.
(literally: Are you fine? –		I am not fine.)

In order to emphasise the negative answer, the word **na** can be put in front of the sentence.

Hûn turîst in?	*Em turîst in.*
	Erê / Belê, em turîst in.
	Em ne turîst in.
	***Na**, em ne turîst in.*

Tu nexweş î?	*Ez nexweş im.*
	Erê / Belê, ez nexweş im.
	Ez ne nexweş im.
	***Na**, ez ne nexweş im.*

Ew jêhatî ye?   *Ew jêhatî ye.*

Erê / Belê, ew jêhatî ye.

Ew ne jêhatî ye.

Na, *ew ne jêhatî ye.*

Hûn telebe ne?   *Em telebe ne.*

Erê / Belê, em telebe ne.

Em ne telebe ne.

Na, *em ne telebe ne.*

1. Fill in the gaps.

Rizgo (R), Ehmed (E)

R: Tu baş _____, Ehmed?

E: Belê, _____ baş _____, Rizo? Lê tu?

R: Na, _____ _____ baş _____. Ez nexweş _____.

E: Tu îdî (now, meanwhile) kal _____. Normal _____.

R: De here lo (ey)! Ez _____ kal _____. Tu kal _____.

E: Belê, _____ kal _____, lê ne nexweş _____.

Zarok çawa _____? Xêrîya çawa _____?

R: Zarok baş _____. Xêrîya jî baş _____.

Belê, ew baş _____.

Selman (S), Reşo (R)

S: Tu telebe _____?

R: Na, ez _____ telebe _____. Ez doxtor _____. Lê tu?

S: Ez _____ _____.

2. Answer affirmatively.

Tu telebe yî?   ....

Ew zarok e?   ....

Xêrîya pîr e?   ....

Rizgo kal e?   ....

Hûn nexweş in? ....

Ew bedew e? ....

Ew Zozan e? ....

Hûn rêwî ne? ....

3. Answer negatively.

Tu jêhatî yî?   Na, ez ne jêhatî me.

Tu telebe yî? ....

Ew zarok e? ....

Xêrîya pîr e? ....

Rizgo kal e? ....

Hûn nexweş in? ....

Ew bedew e? ....

Ew Zozan e? ....

Hûn rêwî ne? ....

4. Answer the questions.

Mexso hecî ye?   Belê, Mexso hecî ye.

Hecî Mûsa kerr e? ....

Mistefa baş e? ....

Xezal heyşt salî ye? ....

Ûsib deh salî ye? ....

Xezal û Ûsib baş in? ....

(**answer guidelines:** Mexso – the pilgrim, Mûsa – is not deaf; Mustafa – is doing well; Xezal – is not eight years old; Yusuf – is not ten years old / is six years old; Xezal and Ûsib – are doing well)

⊙ DÎYALOG PÊNC
15

Rizo: Tu baş î, Xezal?
Xezal: Na, ez baş ninim. Lê tu?
Rizo: Ez jî baş ninim.

Affirmative and Negative Answers II

To form a negative statement, it is possible to use another form apart from the one indicated in the text *Dîyalog çar*:

adjective/noun	*nin* + personal ending

Example:

Singular	Plural
*Ez rêwî **ninim** .*	*Em rêwî **ninin**.*
*Tu rêwî **ninî**.*	*Hûn rêwî **ninin**.*
*Ew rêwî **nine**.*	*Ew rêwî **ninin**.*

1. *Fill in the gaps!*

Rizgo (R), Ehmed (E)

R: Tu baş ____, Ehmed?

E: Belê, _____ baş _____, Rizo. Lê tu?

R: Na, _____ baş _____. Ez nexweş _____.

E: Tu îdî (now, meanwhile) kal _____. Normal _____.

R: De here lo (ey)! Ez kal _____. Tu kal _____.

E: Belê, _____ kal _____, lê ez nexweş _____.
      Zarok çawa _____? Xêrîya çawa _____?

R: Zarok baş _____. Xêrîya jî baş _____.
      Belê, ew baş _____.

Selman (S), Reşo (R)

S: Tu telebe _____?

R: Na, ez telebe _____. Ez doxtor _____. Lê tu?

S: Ez _____ _____.

2. Use the negation with nin + personal ending.

Mexso ne hecî ye?   Mexso hecî nine.

Hecî Mûsa ne kerr e.   ....

Mistefa ne baş e.   ....

Xezal ne heyşt salî ye.   ....

Ûsib ne deh salî ye.   ....

Xezal û Ûsib ne baş in.   ....

3. Answer in the negated form.

Tu jêhatî yî?   Na, ez jêhatî ninim.

Tu telebe yî?   ....

Ew zarok e?   ....

Xêrîya pîr e?   ....

Rizgo kal e?   ....

Hûn nexweş in?   ....

Ew bedew e?   ....

Ew Zozan e?   ....

Hûn rêwî ne?   ....

⊙ DÎYALOG ŞEŞ

Derya:	Alo?
Pelda:	Alo! Derya, tu yî?
Derya:	Belê, ez im.
Pelda:	Sibeha te bixêr, Derya.
Derya:	Sibeha te jî bixêr, Pelda. Tu baş î, Pelda? Zarok çere ne?
Pelda:	Zarok dilîzin. Ez jî baş im, tu sax bî. Hûn çi dikin?
Derya:	Em jî baş in. Em rûdinên. Hewa pir germ e!
Pelda:	Hûn rûdinên?
Derya:	Belê, em rûdinên. Stenbol pir germ e. Meriv sirf rûdinê, xûdide û serê xwe dişo. Ancax, em êvaran diçin derva. Hûn çi dikin? Hewa li wir çere ye?
Pelda:	Li vir hewa zêde germ nine; hênik e. Em zêde, zêde digerin û spor dikin. Em niha dîsa diçin. Bisîkletên Newzad û Kendal hazir in. Kêfa wan li cî ye. Ez jî îdî erebeyê dajom. Yanê kêfa min jî li cî ye.
Derya:	Welleh heyata we xweş e!
Pelda:	Rast e, niha hewa li vir xweş e. Li wir jî tiştên din xweş in. Derya, zarok hazir in. Ez niha xatir dixwazim. Ez ê cardin telefon bikim.
Derya:	Hema evqas?
Pelda:	Îroj evqas. Bi xatirê te.
Derya:	De baş e. Oxir be, çavê min.

New Vocabulary / *Kelîmeyên Nû*

alo	hello
sibeh *(f)*, sibeha min	morning
çere	how
ew dilîze, lîstin	to play
çi	what
ew dike, kirin	to do
ew rûdinê, rûniştin	to sit
hewa *(f)*	weather
pir	a lot, very, many
Stenbol *(f)*	Istanbul
meriv *(m)*	man, one, human being
sirf	only, just
ew xûdide, xûdan	to sweat
ew serê xwe dişo, serê xwe şûştin	to take a bath/shower
ancax	just
êvaran	in the evening
ew diçe, çûn	to go
derva	outside
li wir	there
li vir	here
zêde	much, many, a lot
nine	not
hênik	cool
ew digere, gerîn	to go for a walk
ew spor dike, spor kirin	to do sports
niha	now, at the moment
dîsa	again
bisîklet *(f)*, bisîkleta min	bicycle
hazir	ready, prepared
kêf *(f)*, kêfa min	mood
li cî	in order, in place
Ez jî îdî erebeyê dajom.	*I am also driving a car now.*
ew dajo, ajotin	to drive
yanê	that means, i. e.
welleh	by God (to swear on God)
Welleh heyata we xweş e!	*God, you have a great life (enjoying yourself!)*
rast	right
xweş	nice, pretty, good

tişt *(f)*	thing
din	other/-s
ew xatir dixwaze, xatir xwestin	to say goodbye
Ez ê cardin telefon bikim.	*I will telephone again.*
cardin	again
ew telefon dike, telefon kirin	to telephone
Hema evqas?	*Was that it? Is that all (for today)?*
îroj	today
evqas	that much
de	particle: so, then, now
De baş e.	*Well then.*
çav *(m)*, çavê min	eye

Gender

Every Kurdish noun possesses a grammatical gender – masculine or feminine. The grammatical gender of people and animals corresponds with the natural gender of the noun. For the majority of nouns, however, there is no specific rule to indicate gender. The gender of a noun can only be identified by looking at its suffix, which is called *Ezafe*.

Thus, some nouns can be either masculine or feminine. For instance, the word *telebe* could mean the student (female or masculine). In these cases, it is the context that defines the gender of a noun as well as the *ezafe* suffix. Some nouns only exist in the plural form – such as the word *dêûbav* which means *parents* – and are therefore gender neutral.

In this book, the grammatical gender will appear in brackets following the noun. While the abbreviation *m* stands for masculine and *f* for feminine, the letters *f/m* indicate words that can be either feminine or masculine. *Pl.* signifies words that are only used in the plural form:

nav (m)	name
kitêb (f)	book
telebe (f/m)	student
dêûbav (Pl.)	parents

Ezafe

The *ezafe* is a suffix that is attached to nouns which are qualified through adjectives or pronouns. The *ezafe* ending denotes the gender as follows:

masculine	*-ê*
feminine	*-a*
plural	*-ên*

Ezafe for masculine nouns:

navê min	my name
navê te	your name
navê wî/wê	his/her name
navê me	our name
navê we	your name (plural)
navê wan	their name

Ezafe for feminine nouns:

kitêba min	my book
kitêba te	your book
kitêba wî/wê	his/her book
kitêba me	our book
kitêba we	your book (plural)
kitêba wan	their book

Ezafe in the plural form (both genders are identical):

kitêbên min	my books
kitêbên te	your books
kitêbên wî/wê	his/her books
kitêbên me	our books
kitêbên we	your books (plural)
kitêbên wan	their books

In colloquial language, the plural form of the *ezafe* suffix *-ên* is sometimes pronounced without an *-n*.

In order to facilitate learning the grammatical gender of nouns, the noun could be defined by adding a possessive pronoun. This, in turn, connects the gender with the *ezafe* suffix and represents a simpler way of memorising than the abbreviation.

nav (m)	*navê min*

Possessive Pronouns

Personal pronouns in the oblique case which are used with the *ezafe* suffix have the same function as possessive pronouns in English:

Singular	Plural
... *min* (my)	... *me* (our)
... *te* (your)	... *we* (your)
... *wî* (his)	... *wan* (their)
... *wê* (her)	

navê **min**	my name	kitêba **min**	my book
navê **te**	your name	kitêba **te**	your book
navê **wî/wê**	his/her name	kitêba **wî/wê**	his/her book
navê **me**	our name	kitêba **me**	our book
navê **we**	your name	kitêba **we**	your book
navê **wan**	their name	kitêba **wan**	their book

kitêbên **min**	my books
kitêbên **te**	your books
kitêbên **wî/wê**	his/her books
kitêbên **me**	our books
kitêbên **we**	your books
kitêbên **wan**	their books

The Present Tense

Verb form in the present tense

di	present stem	personal suffix

The present tense corresponds to the English present simple. To form the present tense, first look at the present stem. If the stem ends in a consonant, add the following personal suffix (the suffix is identical with the copula form in the present tense):

ez	*di – lîz – **im***	I play
tu	*di – lîz – **î***	you play
ew	*di – lîz – **e***	he/she/ it plays
em	*di – lîz – **in***	we play
hûn	*di – lîz – **in***	you play
ew	*di – lîz – **in***	they play

When the present stem ends in a vowel, the following suffix is required:

ez	*di – şo – **m***	I wash
tu	*di – şo – **yî***	you wash
ew	*di – şo*	he/she/it washes
em	*di – şo – **n***	we wash
hûn	*di – şo – **n***	you wash
ew	*di – şo – **n***	they wash

Verbs with a prefix have the following grammatical structure:

prefix	*di*	**present stem**	**personal suffix**

The prefix of the following verb is **rû-**:

ez	**rû** *– di – nê –* *m*	I sit
tu	**rû** *– di – nê –* *yî*	you sit
ew	**rû** *– di – nê*	he/she/it sits
em	**rû** *– di – nê –* *n*	we sit
hûn	**rû** *– di – nê –* *n*	you sit
ew	**rû** *– di – nê –* *n*	they sit

When the present tense stem starts with a vowel, the *i* in *di-* is omitted, as in *d-ajo-m* (I drive).

In order to form various tenses, the present tense or perfect stem of a verb is needed. The perfect stem is derived from the infinitive form of the verb and is utilised to form the past tense.

There are no definite rules for the creation of the present tense from the infinitive form of a verb. Therefore, it is essential to learn the present stem in addition to the infinitive form of each verb. This element of memorisation is similar to studying stem forms of irregular verbs in English.

In this book, the present stem is indicated in addition to the infinitive.

1. a) Read «Dîyalog şeş» once again and underline the nouns!

b) Fill in the underlined nouns with the nominal phrase below and translate.

sibeha te   —   your morning

....   —   ....

....   —   ....

....   —   ....

....   —   ....

....   —   ....

....   —   ....

....   —   ....

2. a) Determine the gender of the nouns and write the gender abbreviation for each.

sibeha te	—	sibeh (f)
kêfa wan	—	....
kêfa min	—	....
heyata we	—	....
tiştên din	—	....
xatirê te	—	....
çavê min	—	....
bisîkletên Newzad	—	....

b) Translate into English.

seeta min	—	my watch
emrê te	—	....
destê we	—	....
xortên din	—	....
êvara we	—	....
deftera wê (defter (f.) – notebook)		....
zarokên me	—	....

qelema wî   –   ....

mekteba me (mekteb (f.) – school)   –   ....

dikana min (dikan (f.) – shop)   –   ....

c) **Identify the gender and fill in the gender abbreviation!**

seet ( ), emr ( ), êvar ( ), qelem ( ), dest ( ), defter ( ),
mekteb ( ), xort ( ), zarok ( ), dikan ( )

3. **Add the possessive pronouns (3ʳᵈ p. sing.). Translate the sentences into English.**

kitêb	kitêba wî	his book
ap	....	....
hesp	....	....
doxtor	....	....
seet	....	....
heywan	....	....
telefon	....	....
mîgren (mîgren (f.) – migraine)	....	....
nav	....	....
penêr (penêr (m.) – cheese)	....	....

4. a) **Read «Dîyalog şeş» again and underline the verbs!**
   b) **Write the underlined sentences down and translate them.**

Zarok **dilîzin**.	–	The children play.
....	–	....
....	–	....
....	–	....
....	–	....
....	–	....
....	–	....

c) Write down the verbs in the 3rd person singular.

dilîze, ...

....

....

d) Conjugate all the verbs following the example.

Example:

ez dilîzim	em dilîzin
tu dilîzî	hûn dilîzin
ew dilîze	ew dilîzin

telefon dike, rûdinê, xûdide, serê xwe dişo, digere, dajo, xatir dixwaze, radimîse

5. Complete.

sentence	components of the verb	person	present stem
Zarok dilîzin.	di-lîz-in	3rd p. pl.	-lîz-
Hûn çi dikin?			
Em rûdinên.			
Meriv sirf xûdide.			
Meriv sirf serê xwe dişo.			
Êvaran em diçin derva.			
Em zêde, zêde digerin.			
Ez jî îdî erebeyê dajom.			
Ez niha xatir dixwazim.			

The Plural in the Present Tense

There are two sentences in the text «Dîyalog şeş» which seem incomprehensible at first:

Zarok dilîzin.	–	The children play.
Zarok hazir in.	–	The children are ready.

The comparison of these Kurdish sentences with their translation show the following:

The Kurdish word *zarok* only appears in the singular form whereas its translation in English uses the plural form *the children*.

This difference has the following basis:

In English, both the subject and the verb have to be put in the plural form to express plurality of a subject:

Singular: The child plays.
Plural: The children play.

In contrast, the subject in Kurdish remains in the singular form even when plurality is expressed. Only the verb must be put in the plural form.

Singular:	*Zarok **dilîze.***	–	The child plays.
Plural:	*Zarok **dilîzin.***	–	The children play.

However, if *zarok* is modified by a pronoun or an adjective, the *ezafe* suffix is added in the singular or the plural form. In these cases both the subject and the verb show whether the noun is singular or plural:

Singular:	*Zaroka wê dilîze.*	–	Her child plays.
Plural:	*Zarokên wê dilîzin.*	–	Her children play.

1. Transform the sentences. Make the subject plural.

Zarok dilîze.   Zarok dilîzin.

Telebe rûdinê.   ....

Hecî diçe.   ....

Doxtor xatir dixwaze.   ....

Nexweş rûdinê.   ....

Xort digere.   ....

Zarok destê wî radimîse.   ....

Rêwî telefon dike.   ....

Meriv serê xwe dişo.   ....

2. Transform the sentences. Modify the subject using the words in brackets.

Zarok (wê) dilîze.   Zarokên wê dilîzin.

Telebe (min) rûdinê.   ....

Hecî (Alman) diçe.   ....

Doxtor (te) xatir dixwaze.   ....

Nexweş (nû) rûdinê.   ....

Xort (din) digere.   ....

Zarok (min) destê wî radimîse.   ....

Rêwî (nû) telefon dike.   ....

Meriv (kal) serê xwe dişo.   ....

17

HEYWANÊN KEDÎ Û HEYWANÊN KÛVÎ

Ev hirç e. Hirça sipî ye. Hirçên sipî li Cemsara Bakur dijîn. Ew gir in û baş ajne dikin. Pirça wan sipî û gewr e. Nêçîra wan masî û fok in.

Ev hesp e. Hespên reş, hespên sipî û hespên qehweyî hene. Hespên ereb gelek jêhatî ne.

Ev kûçik e. Ev kûçikê kangal e. Pirranîya wan sipî ne, lê pozên wan reş in. Ev kûçik gelek baqil in.

Ev pisîk e. Pisîkên kûvî û pisîkên kedî hene. Pisîkên kûvî li daristanan dijîn.

Ev hêştir e. Hêştira yekmilik û hêştira dumilik heye. Hêştira nêr lok e, hêştira mê mencî ye.

Kelîmeyên Nû

heywan *(f)*, heywana min	animal
kedî	tame
kûvî	wild
hirç *(f)*, hirça min	bear
sipî	white
Cemsara Bakur	North pole
li Cemsara Bakur	at the North pole
ew dijî, jîyîn	to live
gir	big
ew ajne dike, ajne kirin	to swim
pirç *(f)*, pirça wan	hair (of animals), fur
gewr	grey
nêçîr *(f)*, nêçîra min	hunt, quarry
masî *(f)*, masîya min	fish
fok *(f)*, foka min	seal
hesp *(m)*, hespê min	horse
reş	black
qehweyî	brown
hene	there are (3rd person plural)
ereb	Arabic
gelek	very, a lot, many, much
kûçik *(m)*, kûçikê min	dog
kangal	Kangal (a dog race from Turkey)

pirranî *(f)*, pirranîya me	majority
poz *(m)*, pozê min	nose, here: snout
baqil	intelligent, smart
pisîk *(f/m)*, pisîka/pisîkê min	cat
daristan *(f)*	forest
li daristanan	in the forest
hêştir *(f)*, hêştira min	camel
yekmilik	one-humped
dumilik	two-humped
heye	there is (3rd person singular)
lok *(m)*, lokê min	(male) camel
mencî *(f)*, mencîya min	(female) camel

Adjectives

The attributive adjective in Kurdish is put after the noun and therefore the *ezafe* suffix must be adjoined to the noun. In English, this construction is reflected in the definite article.

In this case the noun phrase is structured as follows:

	noun	ezafe	adjective	noun phrase
mask.	*kûçik*	*-ê*	*reş*	*kûçikê reş* – the black dog
fem.	*hirç*	*-a*	*sipî*	*hirça sipî* – the white bear
Plural	*heywan*	*-ên*	*kedî*	*heywanên kedî* – the tame animals

Demonstrative Pronouns in the Direct Case

ev – this
ew – that

The Semivowel

In the text *Heywanên kedî û heywanên kûvî* the word *pirranî* appears as *pirranîya wan*. This example helps to convey that the semivowel (or glide) *y* is inserted between a word that ends with a vowel and the *ezafe* suffix.

pirranî – pirranîya wan (majority – the majority of them)

1. **a) Underline the noun phrases (noun + adjective) in the text «Hey-wanên kedî û heywanên kûvî».**

   b) Insert the noun phrases in the chart and deconstruct them.

noun phrase	noun	ezafe	adjective
hirça sipî – the white bear	hirç	-a	sipî

2. **Complete the nouns following the example.**

   Example:

   birazî – birazîyê min

   bira (brother) – telebe – mase – erebe – henne – mixaze –
   mamoste (teacher)

3. Match. Add the ezafe suffix in the plural form.
(several combinations are possible)

dêûbav___	baş
erebe___	zû (fast)
ode___	bedew
qelem___	kal (old)
dîyalog___	jêhatî
birazî___	germ
xort___	har (uneducated, hyperactive)
sohbet___	teng (tight, narrow)
law___	kin (short)
qîz___	sor (red)

4. Form sentences with the words below. Use the demonstrative (ev/ew). Translate the sentences.

Example:

> *birazî*
> *Ev birazîyê min e.*   –   *This is my nephew.*

bira – telebe – mase – erebe – henne – mixaze – mamoste

5. *Fill in the gaps.*

Ev çi ye?

Ev qîz e.

Ev çi ye?

___ _____ e.

Ev çi ye?

___ _____ ye.

Ev çi ye?

___ _____ e.

Ev çi ye?

___ _____ e.

Ev çi ye?

___ _____ e.

NEWZAD ACIZ DIBE

18

Newzad îroj aciz dibe. Ew nalîze, lê rûnanê jî. Newzad hema diçe û tê, lê naçe derva jî. Ew dibêje «ez aciz dibim» û tiştekî din nabêje. Dîya wî dibêje: «Kurê min, tu çima min ewqas aciz dikî?» Li ser vê gotinê Newzad ji dîya xwe dixeyîde. Ew îdî qise nake û bi hêrs li dîya xwe mêze dike. Lê gava dîya wî çîkolatayê ray wî dide, ew him hêrsê û him jî xeyîdîne ji bîr dike û dibêje: «Ez pir ji te hez dikim, dayê».

Kelîmeyên Nû

ew aciz dibe, aciz bûn	to be bored
hema	particle for emphasising
ew tê, hatin	to come
ew dibêje, gotin	to say
dê *(f)*, dîya min	mother
kur *(m)*, kurê min	son
çima	why
ewqas	so much, so many
li ser vê gotinê	thereupon
ew ji ... dixeyîde, ji ... xeyîdîn	to be angry
ew qise nake, qise kirin	to talk, to speak
bi hêrs	furious, angry
ew li … mêze dike, li … mêze kirin	to look at
gava	when
çîkolata *(f)*, çîkolataya min	chocolate
ew ... ray ... dide, ... ray dan	to show
him ... him jî	as well as
hêrs *(f)*, hêrsa min	anger, rage
xeyîdîn *(f)*, xeyîdîna min	to be upset (with)
ew ... ji bîr dike, ji bîr kirin	to forget
Lê gava dîya wî çîkolatayê ray wî dide, ew him hêrsê û him jî xeyîdîne ji bîr dike..	*But when his mother shows him the chocolate, he forgets the anger as well as being upset with (his mother)...*
Ez pir ji te hez dikim, dayê.	*I love you a lot, mum.*
ew ji ... hez dike, ji ... hez kirin	to love, to like
dayê	vocative form of *dê*

The Negative Form in the Present Tense

In order to make a verb in the present tense negative, the prefix **na-** is added. Hereby **na-** replaces the prefix **di-** in order to form the present tense:

na	present stem	personal suffix
The negative in the present tense		

ez	**na** – *lîz* – *im*	I don't play
tu	**na** – *lîz* – *î*	you don't play
ew	**na** – *lîz* – *e*	he/she/it doesn't play
em	**na** – *lîz* – *in*	we don't play
hûn	**na** – *lîz* – *in*	you don't play
ew	**na** – *lîz* – *in*	they don't play

When the present stem begins with a vowel, the **a-** in **na-** is omitted with a few verbs:

ez	**n** – *ajo* – *m*	I don't drive
tu	**n** – *ajo* – *yî*	you don't drive
ew	**n** – *ajo*	he/she/it doesn't drive
em	**n** – *ajo* – *n*	we don't drive
hûn	**n** – *ajo* – *n*	you don't drive
ew	**n** – *ajo* – *n*	they don't drive

When a verb already has a prefix, the negative prefix **na-** is inserted between the original prefix and the present stem:

prefix	**na**	present stem	personal suffix

In the verb below, *rû-* is the prefix:

ez	**rû** – **na** – *nê* – *m*	I don't sit
tu	**rû** – **na** – *nê* – *yî*	you don't sit
ew	**rû** – **na** – *nê*	he/she/it doesn't sit
em	**rû** – **na** – *nê* – *n*	we don't sit
hûn	**rû** – **na** – *nê* – *n*	you don't sit
ew	**rû** – **na** – *nê* – *n*	they don't sit

The Verb *hatin*

The verb *hatin* is an irregular verb and is conjugated in the present tense as follows:

person	affirmative	negative
ez	têm	nayêm
tu	têyî	nayêyî
ew	tê	nayê
em	tên	nayên
hûn	tên	nayên
ew	tên	nayên

1. a) Read the text «Newzad aciz dibe» *again and underline the negative form of the verbs.*

b) Copy the verbs that are negative. Translate the sentences into English.

Ew nalîze.   He doesn't play.

....

....

....

....

....

c) Conjugate as in the example.

Example:

ez nalîzim   em nalîzin

tu nalîzî   hûn nalîzin

ew nalîze   ew nalîzin

telefon dike, rûdinê, xûdide, serê xwe dişo, digere, dajo, xatir dixwaze, radimîse

2. Transform the sentences into negative sentences.

affirmative sentence	negative sentence
Zarok dilîzin.	Zarok nalîzin.
Em rûdinên.	....
Meriv xûdide.	....
Meriv serê xwe dişo.	....
Êvaran em diçin derva.	....
Em digerin.	....
Ez erebeyê dajom.	....
Ez xatir dixwazim.	....

The Numbers / *Hejmar:* 1–99

sifir	deh	bîst	sî	çil	pêncî	şêst	heftê	heyştê	nod
yek	yanz-deh	bîst û yek							
dudi	donz-deh	bîst û dudi							
sisê	sêz-deh								
çar	çar-deh								
pênc	panz-deh								
şeş	şanz-deh								
heft	huv-deh								
heyşt	hîjdeh								
neh	nonz-deh								

1. Complete the chart.

2. Fill in the numbers and read them aloud.

yek   1   pênc   _____   heyşt   _____

bîst û çar   _____   sî û şeş   _____   çardeh   _____

çil û dudi   _____   heftê û çar   _____   şêst û heyşt   _____

3. Complete.

çar pênc ?_____? heft	çil û çar çil û pênc ?_____? çil û heft	heftê û neh ?_____? heyştê û yek heyştê û dudi
nod û sisê ?_____? nod û pênc nod û şeş	sî û pênc sî û şeş sî û heft ?_____?	bîst û yek bîst û dudi ?_____? bîst û çar

4. Write out the numbers.

23 bîst û sisê   79 _____   98 _____

91 _____   44 _____   12 _____

33 _____   15 _____   51 _____

84 _____   65 _____   63 _____

DARA ZIMANAN / LANGUAGE TREE

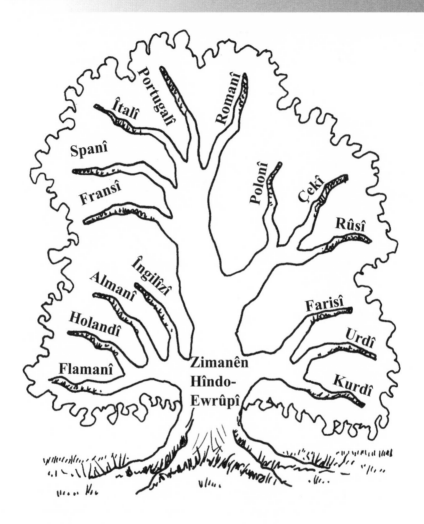

Kelîmeyên Nû

ziman *(m)*, zimanê min	language
zimanên Hîndo-Ewrûpî	Indo-European languages
Kurdî *(f)*, Kurdîya min	Kurdish
Ûrdî *(f)*, Ûrdîya min	Urdu
Farisî *(f)*, Farisîya min	Persian
Rûsî *(f)*, Rûsîya min	Russian
Çekî *(f)*, Çekîya min	Czech

Polonî *(f)*, Polonîya min	Polish
Romanî *(f)*, Romanîya min	Rumanian
Portûgalî *(f)*, Portûgalîya min	Portuguese
Îtalî *(f)*, Îtalîya min	Italian
Spanî *(f)*, Spanîya min	Spanish
Fransî *(f)*, Fransîya min	French
Îngilîzî *(f)*, Îngilîzîya min	English
Almanî *(f)*, Almanîya min	German
Holandî *(f)*, Holandîya min	Dutch
Flamanî *(f)*, Flamanîya min	Flemish

Language Names / *Ziman*

In order to create language names such as Kurdish, English etc., the suffix *-î* is usually added to the demonym (i. e. name of the nationality). Conversely, when the suffix *-î* is omitted in language names, the nationality is formed:

Îngilîz – Englishman / Englishwoman

Îngilîzî – English

1. **Write down which languages each person can speak.**
   Translate the sentences into English.

   Joachim (Almanî) – Umberto (Îtalî) – James (Îngilîzî) – Bernadette (Fransî) – Rîcardo (Spanî) – Ehmed (Ûrdî) – Marek (Polonî) – Vladimir (Rûsî) – Vaclav (Çekî)

   Joachim Almanî dizane.   Joachim can speak German.

   ....

   ....

   ....

   ....

   ....

   ....

   ....

   ....

2. **Create sentences.**

   Ehmed (40) – doxtor – Kurdî-Almanî-Tirkî

   Ehmed çil salî ye. Ew doxtor e. Ehmed Kurdî, Almanî û Tirkî dizane.

   Zozan (36) – mamoste – Yûnanî–Kurdî – Tirkî

   Gulsim (17) – telebe – Kurdî-Tirkî-Îngilîzî

   Mistefa (60) – rêncber (farmer) – Kurdî – hinekî Tirkî

   Joachim (52) – Almanî, Tirkî, Fransî, Latînî

Repetition: *Hejmar:* 1–99

1. Listen (⊙: 19 / nonzdeh) and tick the numbers that you hear.

sifir	deh	bîst	sî	çil	pêncî	şêst	heftê	heyştê	nod
1	11	21	31	41	51	61	71	81	91
2	12	22	32	42	52	62	72	82	92
3	13	23	33	43	53	63	73	83	93
4	14	24	34	44	54	64	74	84	94
5	15	25	35	45	55	65	75	85	95
6	16	26	36	46	56	66	76	86	96
7	17	27	37	47	57	67	77	87	97
8	18	28	38	48	58	68	78	88	98
9	19	29	39	49	59	69	79	89	99

20

DÎYALOG HEFT

M: Tu Rûsî dizanî?

E: Na, ez Rûsî nizanim. Lê tu dizanî?

M: Na, meelesef! Ez jî Rûsî nizanim.

New Vocabulary / Kelîmeyên Nû

nizanim   I can't

meelesef   unfortunately

The Negative Form of the Verb *zanîn*

The negative suffix of the verb *zanîn* in the present tense is **ni-**:

ni	present stem	personal suffix

Ez Rûsî	**ni** – zan – im.	I can't speak Russian.
Tu Rûsî	**ni** – zan – î.	You can't speak Russian.
Ew Rûsî	**ni** – zan – e.	He/She/It can't speak Russian.
Em Rûsî	**ni** – zan – in.	We can't speak Russian.
Hûn Rûsî	**ni** – zan – in.	You can't speak Russian.
Ew Rûsî	**ni** – zan – in.	They can't speak Russian.

In order to emphasise a negative answer, the particle **na** can be put in front of the sentence:

Tu Rûsî dizanî?   **Na**, *ez Rûsî nizanim.*

Sentence Structure

A Kurdish sentence is generally structured as follows: subject, object, verb. In other words, the subject comes at the beginning, the object comes second and the verb comes at the end:

subject	**object**	**verb**
Ez	*Rûsî*	*dizanim.*

Consequently, Kurdish belongs to the so-called SOV-languages.

1. *Answer affirmatively and negatively.*

   Mihemed Elî (Rûsî) – Osman (Fransî) – Nejat (Çekî) – Burhan
   (Kurdî) – Serhat (Tirkî)

   Seîd Îtalî dizane?
   Belê, ew Îtalî dizane.   *Ew Îtalî nizane./ Na, ew Îtalî nizane.*

   ....
   ....
   ....
   ....
   ....

2. *Create sentences following the example.*

   Joachim (Almanî) – Umberto (Îtalî) – James (Îngilîzî) – Bernadette
   (Fransî) – Rîcardo (Spanî) – Sven (Holandî) – Marek (Polonî) –
   Vladimir (Rûsî) – Vaclav (Çekî)

   Joachim Almanî dizane, lê Umberto Almanî nizane.
   Umberto Îtalî dizane, lê James Îtalî nizane.

   ....
   ....
   ....
   ....
   ....
   ....

Nexweşek telefon dike.

Merivek dizewice.

Zarokek dilîze.

Rêwîyek diçe tetîlê (holiday).

Telebeyek spas dike.

Doxtorek zêde xû dide.

The Indefinite State

The indefinite suffix comes from the numeral *yek* (one).
Words that end with a vowel obtain the indefinite suffix *-yek*; words that end with a consonant get the indefinite suffix *-ek*:

Vokal	Konsonant
dêyek – any / a mother	*mêrek* – any / a man

Dêyek diçe malê.   –   A mother goes home.
Mêrek diçe malê.   –   A man goes home.

In order to express the indefinite state in the plural form, the word *hin* (some) is used. However, *hin* does not appear as a suffix like *-(y)ek*. It stands alone and is placed in front of the word that is being made indefinite. The word itself is in the singular form:

Hin dê diçin malê.   –   Some mothers go home.
Hin mêr diçin malê.   –   Some men go home.

1. Translate the sentences in English.

Merivek dizewice.   ....

Zarokek dilîze.   ....

Rêwîyek diçe tetîlê.   ....

Nexweşek telefon dike.   ....

Bavek dixebite.   ....

Xwesîyek telefon dike   ....

2. Put the sentences in the plural form (indefinite).

Lawek dizewice.   Hin law dizewicin.

Zarokek dilîze.   ....

Rêwîyek sohbet dike.   ....

Nexweşek telefon dike. ....

Bavek dixebite.   ....

Xwesîyek telefon dike   ....

Hejmar: 100 – ~

100 – sed
101 – sed û yek
102 – sed û dudi

...

...

200 – du sed
300 – sê sed
400 – çar sed

...

...

1000 – hezar
1001 – hezar û yek
1100 – hezar û sed

...

2000 – du hezar
9000 – neh hezar

...

...

1.000.000 – milyon

1. *Fill in the numbers and read aloud.*

sê sed û bîst	320	heyşt sed û pênc	____
hezar û sed û çar	____	deh hezar û pêncî	____
neh hezar	____	çar sed û şeş	____
sed û nod	____	neh sed û nod û neh	____
sed û heftê û çar	____	pênc sed û şêst û heyşt	____

NEJAT NAMEYEKÊ DINIVÎSE

22

Nejat li Almanyayê dimîne. Ew yanzdeh salî ye. Nejat diçe mektebê. Ew rojekê kitêbekê dikirre, alfabeya Kurmancî hîn dibe û dû re vê nameyê dişîne:

Apê min,

niha êvar e. Seet deh û nîv e û bavo hê jî li kar e. Ew nîvroyê diçe kar û êvarê dereng li malê ye. Em gelek aciz dibin. Hewa gelek zû tarî dibe û em nizanin çi bikin. Televîzyon bi Almanî ye û em tiştekî fêm nakin. Cînarên me bi Kurdî nizanin. Ew yan Tirk in, yan jî Alman in. Tu dizanî, dayê bi Tirkî nizane û Almanî jî em qe yek nizanin. Tirkîya min baş nine û zarokên vir pir zû Tirkî qise dikin.

Di hefteyê de du rojên me xweş derbas dibin. Wan rojan bavo naçe kar. Em yan diçin malan yan jî mêvan tên mala me.

Apo,

ez li vir diçim mektebê. Mekteba me hinekî ji malê dûr e. Ez pîyatî diçim mektebê, lê carna bavo min dibe. Gava ez diçim mektebê, ez hinekî ditirsim. Sibehan hê hinekî tarî ye.

Di sinifê de gelek zarok bîyanî ne. Her yek ji cîyekî tê: Tirk, Alman, Kurmanc, Îtalî... Di dersê de ez zêde tiştekî fêm nakim û aciz dibim.

Apo,

gundê me hê xweş e? Hûn êvaran çi dikin? Hûn hê tov dibin û çîrokan dibêjin?

Bi xatirê te apo, ez destê te radimîsim.

Nejat

Kelîmeyên Nû

name (f), nameya min	letter
ew dinivîse, nivîsîn	to write
li … (Präp.)	in
Almanya (f)	Germany
ew dimîne, man (li...)	here: to live (in), to stay
ew diçe, çûn (îst.)	to go
mekteb (f), mekteba min	school
roj (f), roja min	day
bi ... (Präp.)	with
ew dikirre, kirrîn	to buy
alfabe (f), alfabeya min	alphabet
Kurmancî (f), Kurmancîya min	Kurmanji (Kurdish)
ew hîn dibe, hîn bûn	to learn, to study
vê	direct case of ev
ew dişîne, şandin	to send
hê	still / yet
kar (m), karê min	work
nîvro (f), nîvroya min	afternoon
êvarê	in the evening
dereng	late
mal (f), mala min	house
zû	early, fast, quick
tarî dibe, tarî bûn	to grow dark, to darken
em nizanin çi bikin	we don't know what to do (Subjunktiv)
ew fêm dike, fêm kirin	to understand
bi Almanî	in German
cînar (f/m), cînara/cînarê min	neighbour
Kurdî	Kurdish
bi Kurdî	in Kurdish
yan … yan jî	either … or
Tirkî	Turkish
bi Tirkî	in Turkish
qe yek	nobody
vir	here
di ... de (Zirkumpos.)	in (circumposition)
hefte (f), hefteya min	week
ew derbas dibe, derbas bûn	to take course, to run
mêvan (f/m), mêvana/mevanê min	guest
ew tê, hatin (îst.)	to come

hinekî	some, a bit
ji *(Präp.)*	from (prep.)
dûr	far away
pîyatî	by foot
carna	sometimes
ew dibe, birin	to bring
gava	when, as
ew ditirse, tirsîyan	to be afraid
tarî	dark
bîyanî	foreign
gund *(m)*, gundê min	village
tov dibe, tov bûn	to gather
çîrok *(f)*, çîroka min	fairy tale

CUSTOMS & CULTURES

Kurmancî

Kurdish belongs to the Indo-European language group. Within the Kurdish language, there various groups of dialects which differ greatly from each other and which have specific designations. The main dialects are called Kurmancî and Soranî. Kurmancî is spoken by the Kurds from Turkey, Syria, Armenia and parts of North Iraq. Soranî is also spoken in parts of North Iraq as well as in Iran.

Beyond these two, the dialects Zazakî, Goranî and Feîlî, are also spoken by Kurds.

The Oblique Case

The oblique case has the following suffixes:

	Oblique case suffix	Oblique case suffix and indefinite suffix
masculine	Ø	-ekî
feminine	-ê	-ekê
plural (m/f)	-an	Ø

When a word ends in a vowel, the semivowel y is added in front of the aforementioned suffixes. Because y is only added under these conditions, it appears in brackets:

	Casus obliquus suffix	Oblique case suffix and indefinite suffix
masculine	Ø	-(y)ekî
feminine	-(y)ê	-(y)ekê
plural (m/f)	-(y)an	Ø

(As you can see in the chart, masculine nouns have no suffix in the oblique case.)

When is the oblique case used?

1. With prepositions and circumpositions

Words that follow a preposition or are enveloped by a circumposition, are in the oblique case:

Examples taken from the text «Nejat nameyekê dinivîse»:

li...	*li Almanyayê*	in Germany
di...de	*di hefteyê de*	in/within a week
	di sinifê de	in the classroom
	di dersê de	in class / in the lesson
ji...	*ji malê*	from home

2. With transitive verbs

Transitive verbs are verbs that require an object. The object has to be in the oblique case it when used in the present or future tenses, or in the imperative form. In this case it has the following suffix.

	object
Nejat name-yekê dinivîse.	*name*
Ew mektûb-ê dişîne.	*mektûb*
Wan roj-an bavo naçe kar.	*roj*
Em diçin mal-an.	*mal*
Ez diçim mekteb-ê.	*mekteb*
Hûn êvar-an çi dikin?	*êvar*
Hûn hê çîrok-an dibêjin?	*çîrok*
Nejat diçe mekteb-ê.	*mekteb*

Preposition and Circumposition

There are prepositions and circumpositions in the Kurdish language. Prepositions stand in front of a noun and occur in the oblique case. In the text «Nejat nameyekê dinivîse», the following prepositions appear:

| *li* ... | in | *li mal-ê* | in the apartment / house |
| *ji* ... | from/of | *ji mal-ê* | from home |

More prepositions:

| *li ber* | at | *li ber pencere-yê* | at the window |
| *li ser* | on, above | *li ser mase-yê* | on the table |

The preposition *bi* can be used to express that someone is speaking a language:

| *Ez (bi) Almanî qise dikim.* | – | I speak German. |
| *Tu (bi) Îngilîzî qise dikî.* | – | You speak English. |

The circumposition envelops the noun. Similar to when a noun comes after a preposition, a noun that follows a circumposition also has to be in the oblique case. An example for that can also be taken from the text «Nejat nameyekê dinivîse»:

| *di ... de* | in | *di sinif-ê de* | in the classroom |

More circumpositions:

ji ... re	for	*ji min re*	for me
bi ... re	with	*bi min re*	with me

When prepositions and circumpositions are used with a personal pronoun, the pronouns have to be in oblique case:

Singular		**Plural**	
1. *bi min re*	with me	*bi me re*	with us
2. *bi te re*	with you	*bi we re*	with you
3. *bi wî / wê re*	with him/her	*bi wan re*	with them

Verbs with a Prepositional Object

Some verbs utilise particular prepositions and circumpositions. Those prepositions and circumpositions are indicated in brackets after the respective verb:

dimîne (li...), man   to stay / to live (in)

Sentence Structure

As explained before, the sentence structure in Kurdish is as follows: subject, object, verb. However, this rule does not apply to some verbs, which indicate direction. These «direction verbs» switch places with the object, and the sentence structure shifts to the following: subject, verb, object.

Example taken from the text «Nejat nameyekê dinivîse»:

subject	**verb**	**object**
Nejat	*diçe*	*mektebê.*
Bavo	*naçe*	*kar.*
Em	*diçin*	*malan.*
Mêvan	*tên*	*mala me.*

There is a limited number of «direction verbs» in the Kurdish language. In this book, we will use the abbreviation *îst. (îstiqamet* – direction) to identify «direction verbs».

Demonstrative Pronouns in the Oblique Case

Demonstrative pronouns also have different forms in the direct case and in the oblique case:

Direct case	Oblique case
ev	*vê*
ew	*wê*

Ev name ji Nejat e.   This letter is from Nejat.
Nejat vê nameyê dişîne.   Nejat sends this letter.

Telling Time

To express *half an hour*, it is sufficient to add *û nîv* to the solid hour:

Seet neh û nîv e.   *It is 9:30 o'clock.*
Seet deh û nîv e.   *It is 10:30 o'clock.*

The following shows how to ask for the time (all forms are of equal value):

Seet çi ye?
Seet çend e?
Seet çiqas e?

Adverbs

Oblique case suffixes can be added to a noun expressing time, in order to create adverbs of time:

êvar (evening)   => *êvarê* (in the evening)

nîvro (noon)   => *nîvroyê* (at noon)

sibeh (morning)   => *sibehê* (in the morning)

1. *Read the text* «Nejat nameyekê dinivîse» *once again and under-
line the subject (red), the object (blue) and the verb (black).*

2. *Fill in the sentences according to their structure.*

subject   object   verb

....
....
....
....
....

subject   verb   object

....
....
....
....
....

3. *Put the verbs from the text in the chart.*

verb	verb components	person	present tense stem
dinivîse	di-nivîs-e	3rd pers. sing.	-nivîs-

4. Conjugations

3rd pers. sing.	meaning	1st pers. sing.	1st pers. sing. / neg.
dijî	he/she/it lives	dijîm	najîm
ajne dike			
dizane			
diêşe			
sohbet dike			
telefon dike			
dinivîse			
dimîne			
diçe			
hîn dibe			
dişîne			
aciz dibe			
fêm dike			
qise dike			
ditirse			
dibêje			
tê			

5. Determine the gender of the noun and fill in the abbreviation (f, m)!

mekteb ( ), mal ( ), gund ( ), kar ( ), daristan ( ), nêçîr ( ),
mixaze ( ), henne ( ), dikan ( )

6. a) *Conjugate the verb* **hatin** *and attach the oblique case suffix where applicable.*

Ez   têm   mektebê.
Tu   _____   mal___.
Ew   _____   gund___.
Em   _____   kar___.
Hûn _____   daristan___.
Ew   _____   nêçîr___.

b) *Fill in the gaps with the appropriate negative form of the verb* **hatin** *and the oblique case suffix where applicable.*

Ez   nayêm   mixazeyê.
Tu   _____   gund___.
Ew   _____   dawet___. (dawet (f.) – wedding)
Em   _____   henne___.
Hûn _____   dikan___.
Ew   _____   Almanya___.

7. a) *Fill in the gaps. Pay attention to attach the oblique case suffix where applicable.*

Nejat li <u>Almanyayê</u> dimîne.   (Germany)
Li _____ heywan hene.   (forest/pl.)
Zarok li _____ ne.   (school)
Mêwe li _____ hene.   (shop)
Dawet li _____ e.   (village)
Di _____ de bîst û çar telebe hene.   (classroom)
Di _____ de pir resim (picture) hene.   (book)
Di _____ de xeber (news) hene.   (radio)
Ez ji _____ diçim kar.   (house)
Tu ji _____ diçî _____.   (shop – house)
Ew ji _____ diçe _____.   (Germany – village)
Em ji _____ diçin _____.   (wedding – house)

b) *Translate the sentences into English.*

8. Translate the sentences into English.

Ji min re erebeyekê bikirre.

....

Tu dikarî ji zarokan re mêwe bikirrî?

....

Bi min re were dawetê.

....

Meriv nikare bi wî re qise bike.

....

Li ser maseyê şekir (sugar) heye.

....

Pere li ser maseyê ye.

....

Memory li ber pencereyê ye.

....

Radyo li ber televîzyonê ye.

....

9. Fill in the missing time.

_____   _____   _____

_____   Seet neh û nîv e.   _____

_____   _____   _____

Seet deh û nîv e.

10. Write dialogues like in the example.

Example: Rizgo, Elî (10.30)
Rizgo: Elî, seet çi ye?   Elî: Seet deh û nîv e.

Silêman (1.30), Xêrîya (8.30), Mişîqe (4.30), Ronahî (12.30), Gulfîdan (6.30)

23

DÎYALOG HEYŞT

Mişîqe:	Gogê, çend zarokên te hene?
Gogê:	Xaltî, ez bêedebîyê dikim, sirf lawekî min heye.
Mişîqe:	Û jintîya te? Çend zarokên wê hene?
Gogê:	Du zarokên wê hene. Qîzeke û lawekî wê heye. Niha jî hemle ye.
Mişîqe:	Lê çend zarokên xwîşka te hene?
Gogê:	Zarokên wê hê tune ne.
Mişîqe:	Tu û Xwedê, hê zarokên wê tunin?

Kelîmeyên Nû

xaltî *(f)*, xaltîya min	aunt *(from the mother's side)*
Ez bêedebîyê dikim.	*I don't want to be impolite.*
jintî *(f)*, jintîya min	sister-in-law *(relationship between the brother's wives)*
hemle	pregnant
xwîşk *(f)*, xwîşka min	sister
tune ne	not to be present / not to exist *(pl.)*
tu û Xwedê	*for God's sake!*
tunin	not to be present / not to exist *(pl.)*

CUSTOMS & CULTURES

Ez bêedebîyê dikim

Like in every country, there are particular customs and rituals of courtesy in parts of Kurdistan. One of these customs is, for example, not to talk about one's partner or children in the presence of parents or other elderly people. However, if one ends up in this situation, the phrase «*Ez bêedebîyê dikim*» (literally: I behave impolitely.) is used. It expresses apology for «erratic behaviour».

The Indefinite Suffix and the *Ezafe* Suffix

When an *ezafe* suffix follows an indefinite suffix, it assumes the following form:

indefinite suffix and *ezafe* suffix	example
-ê => -(y)ek-î -a => -(y)ek-e	*mêrê jêhatî* – the hardworking man => *mêrekî jêhatî* – a hardworking man *xwesîya jêhatî* – the hardworking mother-in-law=> *xwesîyeke jêhatî* – a hardworking mother-in-law

The *ezafe* suffix is used with the indefinite suffix, when the indefinite noun is attributed.

noun	attribute
mêrekî	*jêhatî*
xwesîyeke	*jêhatî*

The Expression of Possessive States

In the Kurdish language, possessive states are expressed by combining the compound of a root word (determinatum) and a determiner. Thereby the *ezafe* suffix is added to the root word and the oblique case suffix is adjoined to the determiner.

This expression of ownership is equivalent to the English possessive case. It often refers to the noun suffixed s'-pattern. Many other languages also call it the genitive case. However, it would be misleading to call it «Genitiv», since Kurdish does not have a proper genitive case.

root word + *ezafe* suffix	determiner + oblique case suffix
seet + *a* *çente* + *y* + *ê*	*Dilber* + *ê* *jinik* + *ê*

(*seeta Dilberê* – Dilber's watch)
(*çenteyê jinikê* – the woman's bag)

The determiner is often a personal pronoun. In this case, the oblique case form of the personal pronoun is used:

> *mal-a min*
> *mal-a te*
> *mal-a wî / wê* etc.

Root words, as well as determiners, can have an indefinite suffix:

> *heval-ek*
> *heval-ek-î min*
> *mal-a heval-ekî*

The numeral corresponds to the root word, which it comes directly before:

numeral	root word	determiner
sê	*seetên*	*Dilberê*
du	*çenteyên*	*jinikê*

(*sê seetên Dilberê* – Dilber's three watches)
(*du çenteyên jinikê* – the woman's two bags)

The semivowel -y- is inserted between the suffix and the word if the word ends with a vowel:

> *erebe-y-a Leyla-y-ê*   –   Leyla's car

To Have: *Heye/Hene*

The verb *to have* is *hebûn* in Kurdish. *Hebûn* has a special structure: It is only used in the 3rd person singular (*heye*) or plural (*hene*). The verb is utilised to express the possessive state; the «possessor» is the determiner and the «possession» is the root word.

When the «possession» is singular, *heye* is used and when it is plural, *hene* is used.

«possession» root word + *ezafe*	«possessor» determiner + oblique case	verb sing. or pl.
seet + ek + e	*Dilber + ê*	*heye*
seet + ên	*Dilber + ê*	*hene*

| (*Seeteke Dilberê heye.* | – | Dilber has a watch.) |
| (*Seetên Dilberê hene.* | – | Dilber has watches.) |

The interrogative pronoun *çend* comes first in the sentence and is used with the plural form of *hebûn* (*hene*):

Çend *zarokên te* **hene**? – How many children do you have?

Heye/Hene – The Negative Form

Heye is made negative with *tuneye/nîne*, which are equal. The words *tune ne/tunin/nînin*, which have the same meaning, are used to make *hene* negative:

Erebeya min tuneye/nîne. – I don't have a car.

Zarokên min tune ne/tunin/nînin. – I don't have children.

1. Complete the indefinite suffix and the ezafe suffix.

Noun phrase: attributive adjective	Indefinite suffix and *ezafe* suffix	meaning
dîyaloga kin (short dialogue)		
hirça sipî (white bear)	hirçeke sipî	a white bear
hespê reş (black horse)		
erebeya sor (red car)		
birazîyê jêhatî (hardworking nephew)		
xortê bedew (pretty boy)		
kûçikê kangal (Kangal Dog)		
pisîka kûvî (wild cat)		
lawê kin (short boy)		
hêştira yekmilik (one-humped camel)		

2. Complete the indefinite suffix and the ezafe suffix as well as hene/ heye.

B: Çend heywanên te _____, Nûdem?

N: Sê heywan____ min hene: Hesp____ (1) min û du kûçik____

       min _____.

       Çend heywan____ te _____, Berfîn?

B: Sirf pisîk____ min _____.

M: Çend telebe_____ te hene?

A: Bîst û pênc telebeyên min _____. Sirf sinif____ min

       _____.

       Çend telebe____ te hene?

M: Telebe____ min pir in. Sê sinif___ min _____. Şêst û sê

telebeyên min _____.

N: Çend zarok____ te hene?

S: Du zarok____ min _____. Du law___ min _____.

N: Xwedê bihêle. (May god keep them.)

3. a) Compose affirmative and interrogative sentences like in the example. Use different possessive pronouns.

zarok (5)

Çend zarokên te hene? Pênc zarokên min hene.

qelem (7), hesp (2), kûçik (4), pisîk (1), erebe (1), birazî (12), qîz (0), law (3), telebe (12), kitêb (0), hêştir (0)

b) Compose affirmative and interrogative sentences like in the example.

zarok (5) – Leyla

Çend zarokên Leylayê hene? Pênc zarokên Leylayê hene.

qelem (7) – Aram; hesp (2) – Cîwan; kûçik (4) – Gul; pisîk (1) – Nalan; erebe (1) – Evîn; birazî (12) – Hêlîn; qîz (0) – Zozan; law (3) – axa (great land owner), telebe (12) – mamoste; kitêb (0)– Mişîqe, hêştir (0) – Zebîde

4. Translate the sentences into Kurdish.

Murat has one child. ....

Celadet has one daughter. ....

Kamuran has no children. ....

Süreyya has three sons. ....

Ali has one daughter and one son. ....

5. **Read the text «Dîyalog heyşt» once again and answer the questions.**

Çend zarokên Gogê hene?...

Çend zarokên jintîya Gogê hene? ....

Çend zarokên xwîşka Gogê hene? ....

Ezafe Suffix: Overview

The *ezafe* suffix can be used with or without indefinite suffix. The information given thus far can be summarised as follows:

	Ezafe without indefinite suffix	*Ezafe* with indefinite suffix
masc.	*-(y)ê*	*-(y)ekî*
example	*lawê jêhatî* (the hardworking boy) *birazîyê jêhatî* (the hardworking nephew)	*lawekî jêhatî* (a hardworking boy) *birazîyekî jêhatî* (a hardworking nephew)
fem.	*-(y)a*	*-(y)eke*
example	*qîza jêhatî* (the hardworking girl) *xwesîya jêhatî* (the hardworking mother-in-law)	*qîzeke jêhatî* (a hardworking girl) *xwesîyeke jêhatî* (a hardworking mother-in-law)
pl.	*-(y)ên*	Ø
example	*lawên jêhatî* (the hardworking boys) *birazîyên jêhatî* (the hardworking nephews) *qîzên jêhatî* (the hardworking girls) *xwesîyên jêhatî* (the hardworking mothers-in-law)	

24

DÎYALOG NEH

Ûsib û dîya xwe li mixazeyê ne.

Ûsib: Dayê, ji min re vê er-
ebeyê bikirre!

Dê: Kîjan erebeyê? Hela wê
rayî min bide!

Ûsib: Vê erebeyê. Eva sor û
sipî.

Dê: Eva bi qumande?

Ûsib: Erê. Mêze bike, lastîkê
wê jî pir gir in. Mîna
qamyonê ye.

Dê: Ê li malê ya te jî eynî
mîna vîyanê ye.

Ûsib: Erê, lê ya min hêşîn e û
him jî piçûk e.

Dê: Na, Ûsib, ev nabe. Li tiştekî dinê mêze bike.

Ûsib: Na, ez vê erebeyê dixwazim! Ji min ra vê erebeyê bikirre.

Dê: Li tiştekî din bigere, kurê min. Erebeyên te li mal pir in.

Ûsib: Dayê, tu herroj eynî tiştî dibêjî.

Dê: Lê tu? Tu jî eynî tiştî dibêjî.

Ûsib: Dayê, ma ez dixwazim!

Kelîmeyên Nû

ji … re *(circumpos.)*	for
vîyanî	this
hela	so, then, times
ew ray dide, ray dan	to show
sor	red
bi… *(prep.)*	with
qumande *(f)*, qumandeya min	remote control
ew mêze dike, mêze kirin	to watch
lastîk *(f)*, lastîka erebeyê	tyre

ê	and, but
mîna *(+ oblique)*	like, as
qamyon *(f)*, qamyona min	truck
eynî	equal, the same
vîyan	*here:* this
hêşîn	blue
piçûk	small, little
ew dixwaze, xwestin	to want
kur *(m)*, kurê min	son
li … digere, li … gerîn	to take one's pick, to choose
lê tu	*and you*
herroj	every day

The Imperative

In order to compose the imperative, the prefix *bi-* is adjoined to the present stem. The suffix is *-e* in the singular form and *-in* in the plural form:

singular			
prefix	*bi*	present stem	*-e*
examples			
ray	*bi*	*d*	*e*
mêze	*bi*	*k*	*e*
	bi	*kir*	*e*

In the text *«Dîyalog neh»*, the following example sentences appear in the imperative:

Hela rayî min bide!	–	Show me!
Mêze bike!	–	Watch!
Ji min re vê erebeyê bikirre!	–	Buy me this car!

plural			
prefix	*bi*	present stem	*-in*
examples			
ray	*bi*	*d*	*in*
mêze	*bi*	*k*	*in*
	bi	*kir*	*in*

The sentences above when in the plural form, would be addressed formally or to several persons. In English these constructions are identical to the singular forms:

Hela rayî min bidin!	–	Show me!
Mêze bikin!	–	Watch!
Ji min re vê erebeyê bikirin!	–	Buy me this car!

Present stems, which end with a vowel, acquire no suffix in the singular imperative and the suffix -n in the plural imperative. The present stem of the verb *to sing* ends, for example, with a vowel («*strê*») and therefore has the following imperative form:

Bistrê!	–	Sing!
Bistrên!	–	Sing!

The following verbs are used with or without the prefix *bi-*, however, it is more common to hear them used without the prefix in colloquial language:

Çêbike / Çêke!	–	Make!
Fêm bike / ke!	–	Understand!
Bibêje / Bêje!	–	Say!
Hez bike / ke!	–	Love!

The verb *hatin* (to come) is irregular in the imperative and is composed as follows:

Were!	–	Come!
Werin!	–	Come! (*plural*)

In some regions it is also *bê/bên*.

The Negative Form of the Imperative

In order to form the negative of the imperative, the prefix *bi-* is replaced with *ne-* :

singular			
prefix	*ne*	present stem	*-e*
examples			
ray	*ne*	*d*	*e*
mêze	*ne*	*k*	*e*
	ne	*kir*	*e*

Hela rayî min nede!	–	Don't show me!
Mêze neke!	–	Don't watch!
Ji min re vê erebeyê nekirre!	–	Don't buy me this car!

plural				
prefix	*ne*	present stem		*-in*
examples				
ray	*ne*	*d*		*in*
mêze	*ne*	*k*		*in*
	ne	*kir*		*in*

(Addressed formally or to several persons):

Hela rayî min nedin!	–	Don't show me!
Mêze nekin!	–	Don't watch!
Ji min re vê erebeyê nekirin!	–	Don't buy me this car!

Hatin is also irregular in the negative form of the imperative:

Neyê!	–	Don't come!
Neyên!	–	Don't come! *(plural)*

Xwe as a Possessive Pronoun

The word *xwe* (oneself) can be used as a reflexive or a possessive pronoun. As a possessive pronoun, it refers to the subject of the sentence. In following sentence, taken from the text «*Dîyalog neh*», *xwe* is used as a possessive pronoun:

Ûsib û dîya **xwe** *li mixazeyê ne.* – Usib and **his** mother are in the shop.

In this sentence, the word *xwe* shows that Usib (subject) is in the shop with his mother. In other words, the pronoun is co-referent with the subject,[1] i. e. that they refer to the same thing. When the personal pronoun *wî* is used in the sentence instead of *xwe*, it has the following significance:

Usib (subject) is not with his actual mother in the shop, but with someone else's mother, who would have to be mentioned before:

---

1   Neumann / Begik (2008): Kurdisch lernen: Ein Kurdisch-Lehrbuch. Essen, p. 35

*Ûsib û dîya **wî** li mixazeyê ne.* — Usib and **his** mother (someone else's mother) are in the shop.

The comparison in the translation clearly shows the difference in meaning of each form:

*Ez û dîya **xwe** diçin mixazeyê.*	I and **my** mother go in the shop.
*Ez û dîya **wî** diçin mixazeyê.*	I and **his** mother go in the shop.
*Tu û dîya **xwe** diçin mixazeyê.*	You and **your** mother go in the shop.
*Tu û dîya **wî** diçin mixazeyê.*	You and **his** mother go in the shop.
*Em û dîya **xwe** diçin mixazeyê.*	We and **our** mother go in the shop.
*Em û dîya **wî** diçin mixazeyê.*	We and **his** mother go in the shop.
*Hûn û dîya **xwe** diçin mixazeyê.*	You *(pl.)* and **your** *(pl.)* mother go in the shop.
*Hûn û dîya **wî** diçin mixazeyê.*	You *(pl.)* and **his** mother go in the shop.

Demonstrative Pronouns in the Oblique Case

As already introduced, the demonstrative pronoun of *ev* is *vê* in the oblique case. The word that follows this pronoun also requires this case and acquires the respective suffix:

> *Ez vê erebeyê dixwazim.* — I want to have this car.

In communication situations, the repetition of the object can be relinquished. Thus, the content of the above sentence can be carried on as follows:

> I want to have this car.
> Which one? This one?

In the English language, the «elliptical» form of the object depends on the verb; the verb governs the grammatical case.

In the text «Dîyalog neh» the following conversation is made:

> *Kîjan erebeyê?*   – Which car?
> *Vê erebeyê. Eva sor û sipî.* – This car. The red and white one.

As can be seen, *vê erebeyê* takes the oblique case. In the «elliptical» form, the pronoun acquires the *ezafe* suffix of the noun, which is not repeated: Since *erebe* is feminine, *ev* adopts the *ezafe* suffix in the oblique case: *vê erebeyê* im Casus obliquus.

> *Eva sor û sipî.*

That / Those

In the sense of *that/those* or of *mine*, the following forms are used:

masculine:	*yê min*	that of mine
feminine:	*ya min*	that of mine
plural:	*yên min*	those of mine
masculine:	*yê lawê min*	that of my son
feminine:	*ya lawê min*	that of my son
plural:	*yên lawê min*	those of my son

1. Conjugation: Complete the chart.

1st pers. sing.	meaning	imperative / sing.	imperative / plur.
ajne dikim	I swim	ajne bike	ajne bikin
sohbet dikim			
telefon dikim			
dinivîsim			
dimînim			
diçim			
hîn dibim			
dişînim			
aciz dibim			
fêm dikim			
qise dikim			
ditirsim			
dibêjim			

2. Conjugation: Complete the chart.

imperative / singular	imperative / singular – negative
ajne bike	ajne neke
sohbet bike	
telefon bike	
binivîse	
bimîne	
biçe	
hîn bibe	
bişîne	
aciz bibe	
fêm bike	
qise bike	
bitirse	
bibêje	

3. a) Fill xwe or wî/wê in the gaps.

   b) Translate the sentences into English.

   - Ez bi qîza _____ re dilîzim.

   - Ez bi lawê _____ re diçim gund.

   - Tu ji bavê _____ re seetekê bikirre.

   - Cînara min hespê _____ dajo.

   - Bûka min diçe mala bavê _____.

   - Cînarê min li ber pencereya _____ rûdinê.

4. Can you guess the meaning of these words? How?

«Euro words»	
	meaning
televîzyon (f)	
vîdyo (f)	
avûqat (f/m)	
park (f)	
sosyal	
ansîklopedî (f)	
stêr (f)	
karton (f)	
polês (f/m)	
profesor (f/m)	
pedagog (f/m)	
ûnîversîte (f)	
bebek (f)	
mase (f)	
lêv (f)	
tu	
na	

25

DÎYALOG DEH

Ûsib û dîya xwe hefteyekê
şûnda cardin li mixazeyê
ne.

Ûsib:	Dayê, tu dikarî ji min re vê lîstikê bikirrî?
Dê:	Kîjan lîstikê? Navê wê çi ye?
Ûsib:	Ev lîstika hanê. Navê wê memory ye. Memoryîya heywanan.
Dê:	Kurê min, memory çi ye? Ev sirf resimên heywanan in.

Ûsib: Na dayê, ev lîstik e. Meriv hemû kartan devarû datîne. Dû re lîstikvanek du kartan vedike. Ew li resimên mîna hev digere. Kartên kê zêde bin, ew qezenc dike.

Dê: Oh, ev lîstîkeke xweş e. Lê ez nikarim qezenc bikim. Sirf tu dikarî lîstikeke ewha qezenc bikî. Na, ez nikarim vê lîstikê bikirrim.

Ûsib: Oh dayê, tu jî herroj dibêjî, ez nikarim bikirrim. Dayê, ez dixwazim bikirrim.

Dê: Temam, temam kuro. Ez henekan dikim! Ez jî dixwazim wê bikirrim. Em him dikarin bilîzin, him jî dikarin navên heywanan hîn bibin.

Ûsib: Yuhu!

Kelîmeyên Nû

xwe	oneself
şûnda	after
ew dikare, karîn	can
lîstik *(f)*, lîstika min	game
kîjan	which
nav *(m)*, navê min	name
han	particle for the emphasis (only when a demonstrative pronoun is preceded)
memory *(f)*, memoryiya min	Concentration (game)
resim *(f)*, resima min	image, picture
hemû	all, every
devarû	face down, reverse
Meriv hemû kartan devarû datîne.	*The cards are laid face down.*
dû re	then
lîstikvan *(f/m)*, lîstikvana/ê min	player
kart *(f)*, karta min	card
ew vedike, vekirin	to open
ew li … digere, gerîn (li...)	to look for sth./so., to search
hev	like, as
Kartên kê zêde bin, ew qezenc dike.	*Whoever has the most cards, wins.*
ewha	like that
ew qezenc dike, qezenc kirin	to win
temam	okay
henek *(f)*, heneka min	joke
henek dike, henek kirin	to joke, to kid

Grammatical Mood: The Subjunctive

In the Kurdish language, there are the modal verbs *xwestin* (want) and *karîn* (can).

In contrast to English, the main verb and the modal verb are both conjugated.

> *Ez **dixwazim** kitêbê **bikirrim**.*
> *Ez **dikarim** bitenê **biçim** malê.*

However, each verb (modal and main verb) is conjugated in different ways. The modal verbs *xwestin* and *karîn* are used in the present tense.

di	present stem	personal suffix

Example

di	*xwaz*	*im*
di	*kar*	*im*

> *Ez **dixwazim** kitêbê bikirrim.*
> *Ez **dikarim** bitenê biçim malê.*

Nevertheless, the main verb adopts the suffix *bi-* and the respective personal suffix. This aspect of language is denominated differently in various Kurdish text books (among others as conjunctive or subjunctive mood). In this book, the denomination subjunctive is preferred:

subjunktive			
prefix	*bi*	present stem	personal suffix

Example

bi	*kirr*	*im*
bi	*ç*	*im*

> *Ez dixwazim kitêbê **bikirrim**.*
> *Ez dikarim bitenê **biçim** malê.*

The prefix *bi-* can be omitted with the verbs below, especially in colloquial language:

Ez dixwazim çê(bi)kim!   –   I want / would like to make (it)!

Ez dixwazim fêm (bi)kim! –   I want / would like to understand (it)!

Ez dixwazim (bi)bêjim!   –   I want / would like to say (it)!

Ez dixwazim hez (bi)kim! –   I want / would like to love (it)!

The verb *rûnistin* (to sit) is used without *bi-*:

Ez dixwazim rûnêm!   –   I want / would like to sit!

The verb *hatin* is also irregular in the subjunctive mood:

Person	*hatin:* **subjunctive**
ez	*werim*
tu	*werî*
ew	*were*
em	*werin*
hûn	*werin*
ew	*werin*

The Negative Form of Modal Verbs

Modal verbs are made negative like other verbs in the present tense. *Xwestin* is made negative with the negative prefix *na-*, as with other regular verbs. The negative prefix *ni-* is used for *karîn*, as it is for *zanîn*:

*Ez **na**xwazim kitêbê bikirrim.* – I don't want to buy the book.

*Ez **ni**karim bitenê biçim malê.* – I can't go home alone.

The Sentence Structure in the Subjunctive Mood

In the Kurdish language the modal verb comes after the subject and the subjunctive after the object:

subject	modal verb	object	subjunctive
Ez	*dixwazim*	*kitêbê*	*bikirrim.*

The object succeeds the subjunctive when direction verbs are used:

subject	modal verb	subjunctive	object
Ez	*dikarim*	*biçim*	*malê.*

1. **a)** *Underline the sentences in the text* «Dîyalog Deh» *that contain modal verbs.*

   b) *Translate the sentences.*

   c) *Compare your sentences to the answer key!*

2. *Below you will see some sentences taken from the text* «Dîyalog Deh». *Transform an affirmative sentence into a negative sentence, and vice versa.*

   - Tu dikarî lîstikeke ewha qezenc bikî.

   ....

   - Ez nikarim vê lîstikê bikirrim.

   ....

   - Ez nikarim bikirrim.

   ....

   - Ez dixwazim bikirrim.

   ....

   - Ez jî dixwazim wê bikirrim.

   ....

   - Em him dikarin bilîzin, him jî dikarin navê heywanan hînbibin.

   ....

   - Ez nikarim qezenc bikim.

   ....

3. **Answer the questions.**

   - Ûsib dixwaze kîjan lîstikê bikirre?

   ....

   - Navê lîstîkê çi ye?

   ....

   - Ûsib dixwaze kîjan memoryîyê bikirre?

   ....

   - Meriv lîstikê çawa dilîze?

   ....

   - Dîya Ûsib herroj çi dibêje?

   ....

   - Dîya Ûsib lîstikê dikirre?

   ....

   - Ev lîstikeke xweş e?

   ....

4. Competition between the older and the younger brother: Kendal wants to do the same things that Ûsib is doing. Complete the sentences.

Ûsib erebeyekê dikirre. Kendal jî dixwaze erebeyekê bikirre.
Ûsib ajne dike. Kendal jî ....

....

Ûsib dinivîse. Kendal jî ....

....

Ûsib dilîze. Kendal jî ....

....

Ûsib telefon dike. Kendal jî ....

....

Ûsib diçe gund. Kendal jî ....

....

Ûsib aciz dibe. Kendal jî ....

....

Ûsib ditirse. Kendal jî ....

....

Ûsib qise dike. Kendal jî ....

....

5. The difference between the two brothers: Kendal is not capable of doing the same things that Ûsib is doing. Complete the sentences.

(ajne dike) Ûsib dikare ajne bike.	Kendal nikare ajne bike.
(dilîze) Ûsib ...	Kendal ...
(telefon dike) Ûsib ...	Kendal ...
(diçe mektebê) Ûsib ...	Kendal ...
(Almanî fêm dike) Ûsib ...	Kendal ...
(dinivîse) Ûsib...	Kendal ...

6. Translate the sentences into Kurdish.

- Nejat wants to live in Germany.

....

- The child wants to go to school.

....

- He wants to come (back) from the village.

....

- She can't go to work.

....

- We don't want to go hunting.

....

- You can learn ten vocabularies each day.

....

- You *(pl.)* can write the letter here.

....

Different Subjects in the Subjunctive Mood

In the example above, the modal verb and the main verb refer to the same subject:

Ez dixwazim kitêbê bikirrim. (I want to buy the book.)

As you can see in the example sentence, *dixwazim* and *bikirrim* are in the first person singular. The subject of the sentence is the pronoun *ez*. In this case the subject wants to act: It wants to buy a book.

The subject of the coordinate clause can also ask someone else to do something. In this case, the sentence below could be modified as in the following example:

I want Kendal to buy the book.

In this sentence, the subject of the coordinate clause is the pronoun I. The subject wants Kendal to buy the book.

In Kurdish this means that the modal verb is conjugated based on the subject of the coordinate clause and the subjunctive is conjugated based on the «subordinate» subject:

Ez dixwazim Kendal kitêbê bikirre.

As you can see in the example sentence, the modal verb *dixwazim* is conjugated in the first person singular *(ez),* whereas the subjunctive *bikirre* is conjugated in the third person singular.

Both constituents can be linked with the conjunction *ku*:

Ez dixwazim (ku) Kendal kitêbê bikirre.

The Negative Form

In order to frame the negative form, the prefix *na-* is merely attached to the modal verb :

*Ez **na**xwazim Kendal kitêbê bikirre.*
*Ez **na**xwazim ku Kendal kitêbê bikirre.*

7. **The older brother's good day: He wants his brother to do/get the same things that he does/gets. Complete the sentences as in the example.**

Ûsib erebeyekê dikirre.   *Ûsib dixwaze (ku) Kendal jî erebeyekê bikirre.*

Ûsib ajne dike.   Ûsib dixwaze (ku) Kendal jî ....

....

Ûsib dinivîse.   Ûsib dixwaze (ku) Kendal jî ....

....

Ûsib dilîze.   Ûsib dixwaze (ku) Kendal jî ....

....

Ûsib telefon dike.   Ûsib dixwaze (ku) Kendal jî ....

....

Ûsib diçe gund.   Ûsib dixwaze (ku) Kendal jî ....

....

Ûsib qise dike.   Ûsib dixwaze (ku) Kendal jî ....

....

8. **The older brother's bad day: He doesn't want his brother to do/get the same things that he does/gets. Complete the sentences as in the example.**

Ûsib erebeyekê dikirre.   *Ûsib naxwaze (ku) Kendal jî erebeyekê bikirre.*

Ûsib ajne dike.   ....

....

Ûsib dinivîse.   ....

....

Ûsib dilîze.   ....

....

Ûsib telefon dike.   ....

....

Ûsib diçe gund. ....

....

Ûsib aciz dibe. ....

....

Ûsib ditirse. ....

....

Ûsib qise dike. ....

....

9. Translate the sentences into Kurdish.

- Nejat wants his son to live in Germany.

....

- The mother wants her child to go to school.

....

- The teacher wants the student to go outside.

....

- Ali doesn't want his son to telephone much.

....

- We don't want the children to be playing now.

....

- Do you want him to learn Kurdish?

....

- They want their children to learn many languages.

....

26

NEJAT NAMEYEKE DIN DINIVÎSE

Apê min ê delal,
xebereke min a xweş ji te re heye:
Em ê mehekê şûnda werin tetîlê. Tu
niha texmîn dikî, em çiqas şa dibin.
Ev salek e em herroj bi xeyala gun-
dê xwe dijîn. Ez, dayê û yên din, em
hertim qala gund, kalo û pîrê, heval
û cînaran dikin. Bîrîkirin çiqas zehmet e. Hela texmîn bike, ka ez bîrîya
çi dikim? Ez bawer im ku tiştekî ewha ê neyê bîra te: Ez bîrîya kûçikê me
«Qafreş» jî dikim, apo. Ez ê havînê herroj bi wî re bilîzim. Ez dizanim,
hûn ê hêrs bibin. Hûn ê bibêjin, kuro, destê xwe nede kûçik. Ew herimî
ye. Lê ez ê dîsa jî destê xwe di serê wî re derbas bikim û ez ê wî bi xwe re
bigerînim.
Ez ê herroj di golê de sobarîya bikim. Ez ê biçim ser mêrgê û ber berxan.

Apo,

Almanî pir zehmet e. Ez hêdî, hêdî hîn dibim. Ez nikarim zêde xwe bidim
dersê, çimkî ez hê jî dixwazim şûnda werim wir. Ez nikarim hînî vir bibim.

De niha bi xatirê te, ez destê te radimîsim. Ji bîr neke, em ê mehekê şûnda
werin wir.

Nejat

Kelîmeyên Nû

delal	dear
xeber (f), xebera min	news, message
meh (f), meha min	month
tetîl (f), tetîla min	holidays
ew texmîn dike, texmîn kirin	guess
çiqas	how much / how many
ew şa dibe, şa bûn	to look forward to
xeyal (f), xeyala min	image (in one's mind's eye)
xwe	oneself
yên din	the others
hertim	always
ew qala … dike, qal kirin	to tell (about)
kal (m), kalê min	granddad
pîr (f), pîra min	grandma
heval (f/m), hevala/hevalê min	friend
ew bîrîya … dike, bîrî kirin	to miss
zehmet	difficult
ka	particle for the emphasis
ew bawer bûn, bawer bûn	to believe
Ez bawer im ku …	*I believe that*
… tê bîra min, hatin bîra …	to remember, to think of
Ez bawer im ku tiştekî ewha ê neyê bîra te.	*I believe you will not think of such a thing.*
bîrîkirin (f)	longing, yearning
havîn (f), havîna min	summer
ew hêrs dibe, hêrs bûn	to be upset
ew destê xwe dide …, destê xwe dan …	to touch
herimî	dirty
ew destê xwe di serê yekî re derbas dike, destê xwe di serê yekî re derbas kirin	to pet, to caress
ew bi xwe re digerîne, bi xwe re gerîn	to take somebody out
gol (f)	lake
sobarî (f)	swim
ew sobarîya dike, sobarî kirin	to swim
ser (Präp.)	on (prep.)
mêrg (f), mêrga min	meadow, grass
ber (Präp.)	at (prep.)

berx *(f)*, berxa min	lamb
çûn ber berxan, diçe ber berxan	to graze lambs
hêdî	slowly
ew xwe dide …, xwe dan …	to concentrate on
Ew xwe dide dersê.	*He concentrates on the lesson.*
çimkî	because
mektûb *(f)*, mektûba min	letter
bêî *(Präp.)*	without
ew ji bîr dike, ji bîr kirin	to forget

The Future Tense

In order to form the future tense, the subjunctive and the particle *ê* are needed. As already introduced, the subjunctive is composed as follows:

Subjunctive		
prefix *bi*	present stem	personal suffix

Example

bi	kirr	im	*Ez dixwazim kitêbê* **bikirrim**.
bi	ç	im	*Ez dikarim bitenê* **biçim** *malê*.

Some example sentences taken form the letter are written in the future tense:

Ez ê havînê herroj bi wî re **bilîzim**.
Hûn ê hers **bibin**.
Ez ê wî bi xwe re **bigerînim**.
Ez ê herroj sobarîya **bikim**.
Ez ê **biçim** *ser mêrgê û ber berxan*.

In some regions, the forms *wê* or *dê* is used instead of *ê*.

> **ORTHOGRAPHY – RASTNIVÎSÎN**
>
> The particle *ê* is written together as well as separately. In this book the separate spelling is preferred. This also applies to *wê* and *dê*.

The Negative Form of the Future Tense

In order to create the negative form, only the subjunctive is made negative. Therefore the prefix *bi-* is replaced by *ne-*:

prefix *ne*	present stem	personal suffix

singular: *Zarok ê* **nelîze**.
plural: *Zarok ê* **nelîzin**.

The Plural in the Future Tense

In order to express that an unattached subject is in the plural form, the verb must be put in the plural form as well.

singular:	*Zarok ê bilîze.*	The child will play.
plural:	*Zarok ê bilîzin.*	The children will play.

The Attribute

As already introduced, a noun obtains the *ezafe* suffix when it is attributively modified through an adjective or any other word. The first position is used for the noun and the second position for the determinant (e. g. an adjective).

> *kûçikê reş*
> *hirça sipî*
> *heywanên kedî*

In the example sentence above, there is a single determinant: *reş*, *sipî* and *kedî*.

However, a word can also be described through several determinants. In such case, the *ezafe* suffix must be repeated after the first determinant.

The *ezafe* suffix is

when masculine	-*ê*,
when feminine	-*a*,
when plural	-*ên*

In the letter above the following examples occur:

apê min ê delal	–	my dear uncle
xebereke min a xweş	–	a beautiful message from me

When the determinant is a noun, it must have the oblique case suffix:

xwarinên xweş ên Urfayê –   Urfa's delicious meals

I believe that ... / *Ez bawer im ku ...*

The construction *believe that* is *bawer bûn* in Kurdish and is composed as follows:

Ez bawer im ku ...	*Em bawer in ku ...*
Tu bawer î ku ...	*Hûn bawer in ku ...*
Ew bawer e ku ...	*Ew bawer in ku ...*

The Composition of Verbs

Some verbs consist of two components. They are again subdivided in:

1. separable
2. and inseparable verb

The verbs *rûniştin* (to sit) and *vekirin* (to open), which are introduced above, consist of two parts (*rû-niştin* and *ve-kirin*), but are not separable.

The construction of separable verbs is more complicated. These verbs occur with the following sentence structure: there are two components, between which is the object. The first component is not conjugated and has a special suffix that must be learned with the verb. Once these verbs occur, they are illustrated through examples. In the example sentences above, the suffix mentioned is constituted in bold:

	verb	object	verb
Ez	*qal* + ***a***	*Hesen*	*dikim.*
Ez	*bîrî* + *y* + ***a***	*Hesen*	*dikim.*
Ez	*hîn* + ***î***	*Hesen*	*dibim.*
Ez	*derbas* + ***î***	*Stenbolê*	*dibim.*
Ez	*telefon* + ***î***	*Hesen*	*dikim.*
Ez resimekî	*ray* + ***î***	*Hesen*	*didim.*

Ez qala Hesen dikim.	–	I tell of Hesen.
Ez bîrîya Hesen dikim.	–	I miss Hesen.
Ez hînî Hesen dibim.	–	I get used to Hesen.
Ez derbasî Stenbolê dibim.	–	I enter Istanbul.
Ez telefonî Hesen dikim.	–	I call Hesen.
Ez resimekî rayî H. didim.	–	I show Hesen a picture.

The following two verbs are used with prepositions; the object comes after the preposition:

li ... mêze kirin (to look at)
ji ... hez kirin (to love / like)

Ez li Hesen mêze dikim.	–	I look at Hesen.
Ez ji Hesen hez dikim.	–	I like / love Hesen.

With the following two verbs the object comes after the subject:

... qezenc kirin (to earn)
... fêm kirin (to understand)

Ez pereyan qezenc dikim.	–	I earn money.
Ez te fêm dikim.	–	I understand you.

The following verbs are intransitive and therefore have no object:
sohbet kirin, aciz bûn, tov bûn, ajne kirin, tarî bûn, qise kirin

1. **a) Read the letter «Nejat nameyeke din dinivîse»** *again and under-
line the sentences that contain verbs in the future tense.*

   b) Translate the underlined sentences into English.

2. **a) Underline the verbs in the subjunctive.**

   b) Put the subjects in the plural form. Adjust the verb to the subject.

   - *Ez bawer im ku <u>tiştekî</u> ewha ê <u>neyê</u> bîra te.*
   Ez bawer im ku <u>tiştên</u> ewha ê <u>neyên</u> bîra te.

   - Ez ê havînê herroj bi wî re bilîzim.

   ....

   - Ez dizanim, hûn ê hêrs bibin.

   ....

   - Lê ez ê dîsa jî destê xwe di serê wî re derbas bikim.

   ....

   - Ez ê wî bi xwe re bigerînim.

   ....

   - Ez ê herroj di golê de sobarîya bikim.

   ....

   - Ez ê biçim ser mêrgê û ber berxan.

   ....

   - Ez ê mehekê şûnda werim wir.

   ....

3. **Put the subject in the 2nd person singular and make the verb negative.**

   - *Ez ê havînê herroj bi wî re **bilîzim**.*
   ***Tu** ê havînê herroj bî wî re **nelîzî**.*

   - Ez ê hêrs bibim.

   ....

   - Lê ez ê dîsa jî destê xwe di serê wî re derbas bikim.

   ....

- Ez ê wî bi xwe re bigerînim.

....

- Ez ê herroj di golê de sobarîya bikim.

....

- Ez ê biçim ser mêrgê û ber berxan.

....

- Ez ê mehekê şûnda werim wir.

....

4. a) Fill the ezafe suffix in the gaps.
   b) Translate.
   - sohbeta Mûsa ____ germ
   - doxtora pîr ____ jêhatî
   - xwarinên xweş ____ Dîyarbekir____
   - xwenga wî ____ mezin (big)
   - telebeyên we ____ kerr
   - hespê me ____ ereb
   - kitêba te ____ sor
   - bîsîkletên zarokan ____ nû

5. Translate the sentences into Kurdish.
   - I believe that he is a nice person.
     Ez bawer im ku..
   - I believe that Ali is a hardworking doctor.

     ....

   - I believe that Hêlîn is a beautiful girl.

     ....

   - I believe that Renault is a good car.

     ....

   - I believe that English is a simple language.

     ....

6. Read the letter «Nejat nameyeke din dinivîse» *again and answer the questions.*

- Nejat çaxtê (when) diçe tetîlê?

- Ev salek e Nejat bi xeyala çi dijî?

- Nejat û dîya xwe hertim qala çi dikin?

- Nejat bîrîya çi dike?

- Navê kûçikê wan çî ye?

- Nejat dixwaze havînê bi çi re bilîze?

- Nejat dixwaze çi bi xwe re bigerîne?

- Nejat çima (why) nikare xwe zêde bide dersê?

Preposition and Circumposition II

The following prepositions and circumpositions are already introduced:

li ...	in
di ... de	in
ji ...	from/of
bi ...	with
ji ... re	for
bi ... re	with
li ber	at, next to
li ser	on, over

Examples:

li malê	in the apartment
di sinifê de	in the classroom
ji malê	from home
bi dîyalog	with dialogue
ji min re	for me
bi min re	with me
li ber pencereyê	at the window
li ser maseyê	on the table

Furthermore, the following prepositions appear in the text above:

ber ...	at, by, among
ser ...	on, above, over

Examples:

ber zarokan	among the children
ser xanî	on / above the house

Contrasting prepositions:

bi ... (with)	*bê ...* (without money)
li pêş ... (in front of)	*li paş ...* (behind)
li ser ... (on, above)	*li bin ...* (under, underneath)

Examples:

bi pere (with money)	*bê pere* (without money)
li pêş xanî (in front of the house)	*li paş xanî* (behind the house)
li ser xanî (on the house)	*li bin xanî* (under the house)

1. Translate the sentences into English.

- Zarok li malê ne.
- Li mektebê xwendevan hene.
- Di kitêbê de resim hene.
- Di alfabeya Kurdî de sî û yek herf hene.
- Di radyoyê de xeber (news) hene.
- Ji dikanê sêvan bikirre.
- Ji mektebê zû were.
- Tu dikarî seetek li dawetê bimînî.
- Di deqîqeyekê de were vir.

2. Describe where the items are located.

kitêb / çîrok (di ... de)

kitêb / mase (li bin)

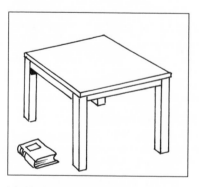

kitêb / mase (li ber)

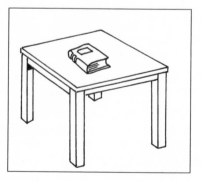

kitêb / mase (li ser)

zarok / erebe (di … de)

zarok / erebe (li ber)

zarok / erebe (li ser)

qumande / televîzyon (li ser)

qumande / televîzyon (li pêş)

qumande / televîzyon (li paş)

radyo / pencere (li ber)

name / defter (li ser)

name / defter (li bin)

mixaze / bîsîklet û lastîk (li)

Jimar 1

1ê Adarê 2015

*Nû*bihara Piçûkan

Kovara zarokan ya mehane

GALAYA FÎLMA *MEM Û ZÎNÊ*
Hefteya Ehmedê Xanî tê lidarxistin

(Bazîd/ *Nû*bihara Piçûkan) – Bi munasebeta derketina kovara me, *Nûbiha-ra Piçûkan*, hefteya Ehmedê Xanî tê organize kirin. Hefteya Ehmedê Xanî di 21ê Adarê de destpêdike û di 25ê Adarê de jî diqede.

Galaya fîlma zarokan *Mem û Zîn* roja duşemê, 21ê Adarê, tê lidarxistin. Ev cara ewil e ku *Mem û Zîn* ji bo zarokan tê çêkirin.

Li salona şaredarîyê jî roja çarşemê ş'îrên wî tên xwendin û li ser heyata wî tê sekinîn.

Ehmedê Xanî roja înê li Bazîdê li ser gora wî tê bibîranîn.

Ji bo zêde agahî: rûpel çar

Roja zimanê dayîkê wek festîvala zimanan tê pîrozkirin. Li ser zimanê dayîkê wê konferans werin lidarxistin, semîner werin dayin, govend werin girtin û stran werin gotin.

Di kovara W de dosyayek li ser Ereb Şemo tê hazir kirin.

Piştî Dîwana Melayê Cizîrî wê ferhen-ga Dîwana wî jî were weşandin.

Kelîmeyên Nû

çapemenî *(f)*, çapemenîya me	the media, the press
jimar *(f)*	number
nûbihar *(f)*	new spring
piçûk	little
kovar *(f)*, kovara me	magazine
mehane	monthly
kovara zarokan ya mehane	*monthly children's magazine*
gala *(f)*, galaya fîlmê	gala
fîlm *(f)*, fîlma min	film
ew li dar dixe, li dar xistin	to organise
munasebet *(f)*	social, occasion
bi munasebeta	on the occasion of
derketin *(f)*	publishing
ew derdikeve, derketin	to be published
ew organize dike, organize kirin	to organise
adar *(f)*	march
ew destpêdike, destpêkirin	to begin, to start
diqede, qedîyan	to end
duşem *(f)*	Monday
roja duşemê	on Monday
car *(f)*	time (occasion)
ewil	for the first time
ji bo *(Präp.)*	for
ew çêdike, çêkirin	to do
salon *(f)*, salona şaredarîyê	hall, saloon
şaredarî *(f)*, şaredarîya Bazîdê	municipality
çarşem *(f)*	Wednesday
roja çarşemê	on Wednesday
ş'îr *(f)*, ş'îra min	poem
ew dixwîne, xwendin	to read, to recite
heyat *(f)*, heyata min	life
ew li ser ... disekine, li ser ... sekinîn	to treat, to cover
în *(f)*	Friday
roja înê	on Friday
Bazîd	Turkish: Doğubeyazıt *(a city on the south east of Turkey)*
gor *(f)*, gora min	grave site, grave
ew bibîrtîne, bibîranîn	to remember
agahî *(f)*, agahîya min	information

rûpel *(f)*, rûpelên kitêbê	page
dosya *(f)*, dosyaya min	dossier
ew hazir dike, hazir kirin	to prepare
zimanê dayîkê	mother tongue
wek	like
festîval *(f)*	festival
ew pîroz dike, pîroz kirin	to celebrate
konferans *(f)*, konferansa min	conference
semîner *(f)*, semînera min	seminar
ew dide, dayîn	to give
govend *(f)*	(folk) dance
ew govendê digre, govend girtin	to dance
ew stranan dibêje, stran gotin	to sing
piştî *(Präp.)*	after *(prep.)*
dîwan *(f)*, Dîwana Goethe	the Divan *(a classic collection of lyrical poems)*
ferheng *(f)*, ferhenga min	dictionary
kevn	old
ew diweşîne, weşandin	to publish

CUSTOMS & CULTURES

Ehmedê Xanî

Ehmedê Xanî (1651–1707) is – along with Melayê Cizîrî and Feqîyê Teyran – a famous person in classical Kurdish literature. He is the fourth person to write his works in the Kurdish language. His work, known not only by the Kurds, is the epic love story *Mem û Zîn* (Mem and Zin) – the Kurdish equivalent of Romeo and Juliet. Apart from this book, he also wrote a Kurdish-Arabic dictionary in lyrical form, called *Nûbihara Piçûkan* (The Spring of Children) to help Kurdish children learn Arabic in a playful and musical way. This work was widely circulated amongst the people and is still the "primer" in Kurdish religious schools, the so-called medrese.

His grave site is located in *Bazîd* (Turkish: Doğubayezit) in today's Turkey, close to the Iranian border.

Melayê Cizîrî

Melayê Cizîrî (1570–1640) belongs to the first three savants who wrote their works in the Kurdish language. His *Dîwan* deals with mystic and religious matters as was typical of collections of poems written in Persian and Arabic. The *Dîwan* belongs to the fixed canon of the *medrese* as well as Kurdish literature and is still recited today.

Ereb Şemo

Ereb Şemo (1897–1978) was the first novelist of the Kurdish language. In his novel *Şivanê Kurmanca* (The Shepherd of the Kurds) written in 1935, he describes the life of the ordinary people of society.

The Passive Voice

In order to compose the passive voice, the verb *hatin* and the respective verb are needed. *Hatin* is used as an auxiliary verb and is conjugated according to its person and tense. The other verb remains in the infinitive form.

Hefteya Ehmedê Xanî tê lidarxistin.   –   The Ehmedê Xani week will be organised.

As can be seen in the example sentence, *Hefteya Ehmedê Xanî* is the subject, *tê* is the 3rd person singular of the verb *hatin* and *lidarxistin* is the second verb in the infinitive form:

subject 3rd pers. sing.	conjugated verb: *hatin* 3rd pers. sing., present tense	infinitive
hefteya Ehmedê Xanî	*tê*	*lidarxistin*

The passive is made negative by using the negative forms of the verb *hatin*.

Repetition: The Verb *hatin*

The verb *hatin* has the following form in the present tense:

person	affirmative	negative
ez	*têm*	*nayêm*
tu	*tê(yî)*	*nayê(yî)*
ew	*tê*	*nayê*
em	*tên*	*nayên*
hûn	*tên*	*nayên*
ew	*tên*	*nayên*

The subjunctive form of *hatin* in the future tense is:

person	affirmative	negative
ez	werim	neyêm
tu	werî	neyê
ew	were	neyê
em	werin	neyên
hûn	werin	neyên
ew	werin	neyên

The Nominalisation of Verbs

Each Kurdish verb can be used as a noun. The gender of the nomi-
nalisation is always feminine. In the text above the verb *derketin* (to
be published) is used as a noun:

| *bi munasebeta derketina* | – | on the occasion of the |
| *kovara me* | | publishing of our magazine |

Names of the Days of the Week / *Navên rojan*

şemî	–	Saturday
yekşem	–	Sunday
duşem	–	Monday
sêşem	–	Tuesday
çarşem	–	Wednesday
pêncşem	–	Thursday
în	–	Friday

1. **a) Read the articles and underline the sentences that contain the passive voice.**

   b) Which person do the verbs have? Write it down.

2. **a) Underline the following in each sentence: the subject (red), the conjugated verb (black) and the infinitive form (blue).**

   b) Translate the sentences into English.

   - Hefteya Ehmedê Xanî tê organize kirin.

   ....

   - Galaya fîlma zarokan Mem û Zîn tê lidarxistin.

   ....

   - Ev cara ewil e ku Mem û Zîn ji bo zarokan tê çêkirin.

   ....

   - Ş'îrên wî tên xwendin û li ser heyata wî tê sekinîn.

   ....

   - Ehmedê Xanî tê bibîranin.

   ....

   - Dosyayek li ser Ereb Şemo tê hazir kirin.

   ....

   - Roja zimanê dayîkê tê pîrozkirin.

   ....

   - Li ser zimanê dayîkê wê konferans werin lidarxistin, semîner werin dayin, govend werin girtin û stran werin gotin.

   ....

   ....

   - Piştî Dîwana Melayê Cizîrî Ferhenga Edebîyata Kevn jî tê weşandin.

   ....

3. Translate the sentences into Kurdish.

- My child speaks well. His pronunciation is understood.

....

- The language is ungrateful. It is forgotten quickly.

....

- Today Goethe's poems are read in Mardin.

....

- In Germany, two Kurdish magazines are published.

....

- It is not allowed to swim here.

....

- It is not allowed to drive here by car.

....

- New shops are opened in Berlin.

....

- Kurdish and German are taught in this school.

....

Kelîmeyên nû

pronunciation – *telafûz* (f.); ungrateful – *nankor*; to forget a language – *ji bîr kirin*; to teach – *elimandin*

4. How are the names of the days of the week structured? Explain.

....

....

....

ÇEND PÊKENOK

28

Ûsib di dema razanê de antênek danî ber belîfa xwe. Lezgînê ji wî pirsî: «Ev antên ji bo çi ye?» Wî got: «Ji bo ez xewnên zelal bibînim.»

Sibehekê jinekê mêrê xwe ji xew şîyar kir û got: «Rabe, rabe mêro. Mişkek di mitbaxê de heye.»
Newzo ji wê re bi hêrs got: «Vêca ma ez pisîk im?»

Dibistan tetîl bû. Hemû zarokan karneyên xwe girtin. Dû re ew çûn malên xwe. Lezgîna piçûk çawa ket hundir, diya wê ji wê pirsî: «Ka karneya te?»
Lezgînê cewab da: «Min bi emanetî da hevalekî xwe. Ew ê bi karneya min bavê xwe bitirsîne.»

Newzo li qehwexaneyê ji hevalên xwe re got: «Yên ku ji jina xwe ditirsin bila rabin pîya!»
Yek ne tê de hemû rabûn pîya. Wan ji wî pirsîn: «Welê xuya ye ku tenê tu ji jina xwe natirsî?»
Ev meriv (Mêrik): «Na welleh, jinikê vê sibê li min xist ku ji êşa wê ez nikarim rabim ser xwe!»

Kelîmeyên Nû

pêkenok *(f)*	anecdote, joke
dem *(f)*, dema min	time, as, since, when
razan *(f)*. razana min	sleep
ew radizê, razan	to sleep
antên *(f)*, antêna min	antenna
ji bo *(Präp.)*	for this reason, so that *(prep.)*
ew … datîne , … danîn	to put
belîfa *(f)*, belîfa min	pillow
ew … ji … dipirse, … ji … pirsîn	to ask
xewn *(f)*, xewna min	dream
zelal	clear
ew dibîne, dîtin	to see
xewn dibîne, xewn dîtin	to dream
jin *(f)*, jina min	woman
mêr *(m)*, mêrê min	man
ew … ji … şîyar dike, ji … şîyar kirin	to wake up, to rouse
ew radibe, rabûn	to get up
camêr *(m)*	mister
mişk *(m)*, mişkê min	mouse
mitbax *(f)*, mitbaxa min	kitchen
vêca	now
ma	particle to emphasise a question
dibistan *(f)*, dibistana min	school
dibe, bûn	to be
karne *(f)*, karneya min	certificate
ew digre, girtin	to take, to get
ew dikeve hundir, ketin hundir	to come in
ew cewab dide, cewab dan	to answer
bi emanetî	commissioned
ew dide, dan *(îst.)*	to give
qehwexane *(f)*, qehwexaneya min	café, tea house
ew ji … ditirse, ji … tirsîyan	to be afraid (of)
bila	should
ew radibe pîya, rabûn pîya	to get up
yek ne tê de	*with the exception of one person*
welê	so
xuya ye, xuya bûn	it looks as if
tenê	only, just

mêrik (m)	man
sibê	abbreviated version of *sibehê*
jinik (f)	woman
ew li … dixe, li ... xistin	to hit, to beat
êş *(f)*, êşa min	pain
ji êşa wê	*due to the pain*
ew radibe ser xwe, rabûn ser xwe	to get up

The Perfect Stem

As explained at the beginning, all tenses are composed of either the present stem or the perfect stem.

The present tense, the future tense and the imperative are framed with the present stem.

All past tenses as well as the infinitive form are framed with the perfect stem.

Both stems are the same in a few cases, such as with the verb *to be afraid*:

present stem:	*-tirs-*
perfect stem:	*tirs-*

Nevertheless, the majority of verbs have different stems, so you must learn both verb forms concertedly. In order to clarify the difference, the verb *to say* is indicated in this example:

present stem:	*-bêj-*
perfect stem:	*got-*

The perfect stem is framed on the base form of the infinitive by omitting the infinitive ending *-in* or *-n*.

infinitive + suffix	perfect stem
got – in	*got*
danî – n	*danî*
raza – n	*raza*

The Simple Past Tense / Preterit

In order to form the simple past, the perfect stem of the respective verb is needed.

Stems that end with a consonant have the same suffix as the copula suffix, except in the 3rd person singular.

simple past tense ending with consonant		present tense	
ez	ket – **im**	ez	di – kev – **im**
tu	ket – **î**	tu	di – kev – **î**
ew	ket – **Ø**	ew	di – kev – **e**
em	ket – **in**	em	di – kev – **in**
hûn	ket – **in**	hûn	di – kev – **in**
ew	ket – **in**	ew	di – kev – **in**

When the stem ends with a vowel, it loses the personal suffix *I* and the semivowel *y* is put between the personal suffix and the stem in the 2nd person singular:

simple past tense ending with vowel		present tense	
ez	çû – **m**	ez	di – ç – **im**
tu	çû – **y-î**	tu	di – ç – **î**
ew	çû – **Ø**	ew	di – ç – **e**
em	çû – **n**	em	di – ç – **in**
hûn	çû – **n**	hûn	di – ç – **in**
ew	çû – **n**	ew	di – ç – **in**

The majority of verbs that are conjugated like that are intransitive.

The Negative Form of the Simple Past

In order to make the simple past negative, the negative prefix *ne-* is put in front of the verb:

the negative form of the simple past			
ez	**ne – ket – im**	ez	**ne – çû – m**
tu	**ne – ket – î**	tu	**ne – çû – y-î**
ew	**ne – ket – Ø**	ew	**ne – çû – Ø**
em	**ne – ket – in**	em	**ne – çû – n**
hûn	**ne – ket – in**	hûn	**ne – çû – n**
ew	**ne – ket – in**	ew	**ne – çû – n**

When a verb contains a prefix, the negative prefix is put between the prefix and the stem:

simple past	
ez	ra – **ne** – bû – m
tu	ra – **ne** – bû – y – î
ew	ra – **ne** – bû – Ø
em	ra – **ne** – bû – n
hûn	ra – **ne** – bû – n
ew	ra – **ne** – bû – n

1. *The anecdote contains the following three sentences:*

Lezgîn ket hundir.
Ew çûn malên xwe.
Hemû rabûn pîya.

a) Underline the subject (red) and the verb (black).

b) Translate the sentences into English.

c) Conjugate the verbs.

Ez	....	hundir.
Tu	....	hundir.
Ew/Lezgîn	ket	hundir.
Em	....	hundir.
Hûn	....	hundir.
Ew	....	hundir.
Ez	....	mala xwe.
Tu	....	mala xwe.
Ew	....	mala xwe.
Em	....	malên xwe.
Hûn	....	malên xwe.
Ew	çûn	malên xwe.
Ez	....	pîya.
Tu	....	pîya.
Ew	....	pîya.
Em	....	pîya.
Hûn	....	pîya.
Ew/Hemû	rabûn	pîya.

d) Make the three verbs negative.

Ez	....	hundir.
Tu	....	hundir.
Ew/Lezgîn	neket	hundir.
Em	....	hundir.
Hûn	....	hundir.
Ew	....	hundir.

Ez	....	mala xwe.
Tu	....	mala xwe.
Ew	....	mala xwe.
Em	....	malên xwe.
Hûn	....	malên xwe.
Ew	neçûn	malên xwe.

Ez	....	pîya.
Tu	....	pîya.
Ew	....	pîya.
Em	....	pîya.
Hûn	....	pîya.
Ew/Hemû	ranebûn	pîya.

2. *a) Underline the perfect stem and enter it in the second column.*

   b) Underline the last letter of the perfect stem.

   c) Which component of two-part verbs with bûn is conjugated?

infinitive	perfect stem	ending with vowel/ consonant
man	_ma_	vowel
gerîyan		
rûniştin		
derketin		
tirsîyan		
hatin		
bûn		
şa bûn		
derbas bûn		
aciz bûn		
derbas bûn		
hîn bûn		

3. Conjugate the verbs following the example.

1st pers. sing.	2nd pers. sing. – neg.	1st pers. plur.
Ez mam.	Tu nemayî.	Em man.
		Em gerîyan.
	Tu rûneniştî.	
Ez derketim.		
		Em tirsîyan
Ew hat.		
	Tu nebûyî.	
		Em şa bûn.
Ez derbas bûm.		
		Em aciz bûn.
	Tu derbas nebûyî.	
Ez hîn bûm.		

4. Translate the sentences into English.

Azad salekê li Vîyanayê ma. Ew li wir Almanî hîn bû. Azad li Ewrûpayê jî gelek gerîya.

....

....

Ez Ehmed im. Ez li Dîyarbekirê hinekî rûniştim. Rojên min li wir gelek xweş derbas bûn. Ez gelek gerîyam jî. Li Dîyarbekirê cîyên tarîxî zêde ne.

....

....

Tu xwendevan î. Tu hetanî niha (until now) Kurdî hîn bûyî û gelek şa bûyî. Lê carna jî tu aciz bûyî, çûnkî (because) hînbûna ziman hinekî zehmet e.

....

....

Personal Pronouns in the Oblique Case

The personal pronouns in the oblique case are:

singular	plural
min (I)	*me* (we)
te (you)	*we* (you)
wî (he)	*wan* (they)
wê (she)	

Ergativity

The following sentences are presented in the text *«Çend pêkenok»*:

> *(1) Wê got ...*   –   She said ...
> *(2) Lezgînê cewab da ...*   –   Lezgin gave the answer ...

In the first sentence the word *wê* (she) is the subject of the sentence. As already introduced, the personal pronoun *wê* is in the oblique case; in the direct case it is *ew*.

In the second sentence the name *Lezgîn* is the subject of the sentence. It is supplemented with the oblique case suffix *-ê* and consequently becomes *Lezgînê*.

As the example sentences demonstrate, **the subject of both sentences are not in the direct case, but in the oblique case.**

When using the simple past (as well as all the other past tenses), the subject (= agent) of the sentence is in the oblique case. This applies to nouns as well as to pronouns: The respective oblique case suffix is appended to the noun; the pronouns are in the oblique case form. On the other hand, the object of the sentence in the simple past (as well as in all the other past tenses) is in the direct case.

> *Zozanê antênek danî ber balîfa xwe.*

In this sentence, the word *antênek* is the object, but it is direct. Such an emergence is called ergativity. Ergativity does not exist in English or in other European languages.

Repetition: Verbs in the Past Tenses

Categorisation of verbs in the past tenses can be summarised as follows:

1. Intransitive verbs

The subject of these verbs is direct in past tenses. Example: *man* (to stay, to live). Personal suffixes are attached to the perfect stem.

Present tense	Simple past
ez dimînim	*ez mam*
tu dimînî	*tu mayî*

2. Transitive verbs

The subject of these verbs is oblique in the past tenses, the object is direct. Example: *pirsîn* (to ask). The perfect stem is used without adding a suffix. This applies to all grammatical persons.

Present tense		Simple past	
ez	*dipirsim*	*min*	*pirsî*
tu	*dipirsî*	*te*	*pirsî*
ew	*dipirse*	*wî /wê*	*pirsî*
Zozan	*dipirse*	*Zozanê*	*pirsî*
em	*dipirsin*	*me*	*pirsî*
hûn	*dipirsin*	*we*	*pirsî*
ew	*dipirsin*	*wan*	*pirsî*
telebe	*dipirsin*	*telebeyan*	*pirsî*

The Negative Form of Transitive Verbs

Even with transitive verbs, the negative prefix **ne-** is put in front of the perfect stem, when making it negative:

*min **ne**pirsî*

5. **Underline the subject (red) and the verb (black) in the following sentences.**

- Ûsib antênek danî ber belîfa xwe.
- Lezgînê ji wî pirsî ...
- Wê got ...
- Jinekê mêrê xwe ji xew şîyar kir û got ...
- Newzo ji wê re got ...
- Zarokan karneyên xwe girtin.
- Diya wê ji wê pirsî ...
- Lezgînê cewab da ...
- Newzo ji hevalên xwe re got ...
- Yek ne tê de hemû rabûn pîya.
- Wan ji wî pirsîn ...

6. **The words in bold are subjects.**

   a) Underline the subjects in the oblique case (five sentences)!

   b) Underline the personal pronouns in the oblique case (two sentences)!

   c) Two sentences have a subject without an oblique case suffix. Which ones are they? Why?

- **Ûsib** antênek danî ber belîfa xwe.
- **Lezgînê** ji wê pirsî ...
- **Wê** got ...
- **Jinekê** mêrê xwe ji xew şîyar kir û got ...
- **Newzo** ji wê re got ...
- **Zarokan** karneyên xwe girtin.
- **Lezgînê** cewab da ...
- **Newzo** ji hevalên xwe re got ...
- **Wan** ji wî pirsîn ...

7. Conjugate in the simple past following the example!

pirsîn (perfect stem: pirsî)	
min pirsî	me pirsî
te pirsî	we pirsî
wî / wê pirsî	wan pirsî

şîyar kirin (...................)	
min	me
te	we
wî / wê	wan

girtin (...................)	
min	me
te	we
wî / wê	wan

cewab dan (...................)	
min	me
te	we
wî / wê	wan

gotin (...................)	
min	me
te	we
wî / wê	wan

8. **The book contains the ergative verbs indicated above.**
   a) **Underline the perfect stem.**
   b) **Enter the perfect stem in the second column.**
   c) **Translate (third column).**

infinitive	perfect stem	meaning
birin	Min bir.	I brought.
dan		
danîn		
dîtin		
girtin		
gotin		
ji … pirsîn		
kirin		
kirrîn		
li ... xistin		
lîstin		
nivîsîn		
şandin		
weşandin		
xwendin		
xwestin		

9. **With these ergative verbs only the second component is conjugated.**
   a) **Underline the perfect stem.**
   b) **Enter the perfect stem in the second column.**

infinitive	perfect stem
ajne kirin	ajne kir
bawer kirin	
bibîranîn	
bîrî kirin	
çêkirin	

cewab dan	
destê xwe dan ...	
destpêkirin	
fêm kirin	
govend girtin	
ji bîr kirin	
ji xew şîyar kirin	
lidarxistin	
mêze kirin	
organize kirin	
pîroz kirin	
qal kirin	
qezenc kirin	
qise kirin	
ray dan	
serê xwe şûştin	
sobarî kirin	
sohbet kirin	
spas kirin	
spor kirin	
stran gotin	
telefon kirin	
teşekkur kirin	
texmîn kirin	
vekirin	
xatir xwestin	
xûdan	
xwe dan ...	

Ergativity II

Ergativity has another attribute besides the ones already introduced: In past tenses, the transitive verb is conjugated according to the constituent in the direct case. In order to express that the object is plural, the verb must be put in the plural.

> *Zozanê antên **danî** ber balîfa xwe.* (Zozan put the antenna next to her pillow.)

In this sentence, the word *antên* is the direct object. It is only recognized that it is only one antenna when looking at the verb: it is singular. If we assumed, that Zozan had not one, but several antennas next to her pillow, the verb would be put in the plural form:

> *Zozanê antên **danîn** ber balîfa xwe.* (Zozan put antennas next to her pillow.)

10. Translate the sentences into English.

Min du kitêb dan wî. ....

Wî çîrok gotin. ....

Te qelem kirrîn. ....

Min mektûb şandin. ....

Wê hemû kitêb xwendin. ....

Wî pere qezenc kirin. ....

Wê semîner çêkirin. ....

Min xanî kirrîn. ....

Zozanê cewab nivîsîn. ....

11. Answer the questions.

A new tense is used with these questions: the perfect tense. Answer the questions in the perfect tense. Informations about this tense are given below.

- Di dema razanê de Ûsib çi daye ber belîfa xwe?

....

- Lezgînê ji Ûsib çi pirsîye?

....

- Ûsib çi gotîye?

....

- Sibehekê jinekê mêrê xwe ji xew şîyar kirîye û gotîyê çi?

....

- Newzo ji jina xwe re bi hêrs çi gotîye?

....

- Lezgînê çi cewab daye dîya xwe?

....

The Present Perfect Tense

Intransitive verbs ending with a consonant		Intransitive verbs ending with a vowel	
ez	ket-ime	ez	çû-me
tu	ket-îyî	tu	çû-yî
ew	ket-îye	ew	çû-ye
em	ket-ine	em	çû-ne
hûn	ket-ine	hûn	çû-ne
ew	ket-ine	ew	çû-ne

Transitive verbs ending with a consonant		Transitive verbs ending with a vowel	
min	got-îye	min	da-ye
te	got-îye	te	da-ye
wî/wê	got-îye	wî/wê	da-ye
me	got-îye	me	da-ye
we	got-îye	we	da-ye
wan	got-îye	wan	da-ye

29

JI EDEBÎYATA KURDÎ:
XEZALA MIN, DELALA MIN – RAHMETULLAH KARAKAYA

Min heya heft salî bi zimanê dîya xwe xeber da… Yanî bi Kurdî.

Wexta ez çûm mektebê, hînî Tirkî bûm. Sala 1960î bû. Em ji gundê Dêrîka Milazgirê çûbûn qeza Bulanixê.

Êdî li derva me tim bi Tirkî xeber dida. Kurdî, roj hat ku tenê bû xeberdana min û dîya min. Kurdî ket rêza dudiyan. Wexta mezinên me yên ku Tirkî nizanîbûn, dihatin, me bi wan re bi Kurdî xeber dida. Lê tu çaxî tama Kurdî ji bîra min neçû. Min çavên xwe bi stranên Kurdî vekirin. Bi Kurdî kêfxweş bûm; bi Kurdî dilgeş bûm. Bê Kurdî bêkêf bûm…

Erê, ez di piçûktîyê de Tirkî hîn bûbûm, lê dîya min? Wê ew sirf fêm dikir. Wexta xeberdanê diket tengasîyê. Loma me bi hev re her dem bi Kurdî xeber dida…

Jîyana min biqasî donzdeh salan li Mûşê, li Wanê û li Urfayê derbas bû. Li van deran Kurdî pir dihat xeberdan… Bo wî qasî, Kurdîya min baştir pêş ve çû…

Wexta em hatin Stenbolê, min xwendina xwe xelas kir.

Ez bûm rojnamevan.

Wê çaxê jî, berê jî, te didît ku hinek zimanê dîya min nas nakin, înkar dikin…

Hinekan li nava çavên min dinihêrîn û digotin: «Zimanê Kurdî tuneye.»

Ew gotin di cîyekî de dihat vê menayê: «Tu jî tuneyî…»

Kelîmeyên Nû

edebîyat *(f)*	literature
xezal *(f)*, xezala min	gazelle
heya	until, till
ew xeber dide, xeber dan	to speak
wext *(f)*, wexta min	time, as, when
Wexta ez çûme mektebê, hînî Tirkî bûm.	*When I went to school, I learned Turkish.*
Dêrîk	a village in the province of Muş
Milazgir	Turkish: Malazgirt (a city in the East of Turkey)
qeza *(f)*	district
Bulanix	turk.: Bulanık (a city in the Southeast of Turkey). Kurdish name: Kop
tim	always
êdî	now
xeberdan *(f)*, xeberdana min	conversation
ew dikeve, ketin	to step, to take place of
rêz *(f)*, rêza min	row
mezin *(Pl.)*, mezinên me	adults
çax *(m)*	century
tu çaxî	*never*
ta̲m *(f)*, tama xwarinên	taste
ew kêfxweş dibe, kêfxweş bûn	to be glad
ew dilgeş dibe, dilgeş bûn	to be glad
bêkêf	listless, half-hearted
piçûktî *(f)*, piçûktîya min	childhood
tengasî *(f)*, tengasîya min	difficulty
loma	hence
bi hev re	together
her dem	always
jîyan *(f)*, jîyana min	life
biqasî	approximately, about
der *(m)*	place
bo wî qasî	thus
baştir	better
ew pêş ve diçe, pêş ve çûn	to improve, to progress
rojnamevan *(f/m)*	journalist
wê çaxê	at that time, back then

berê	before it
ew nas dike, nas kirin	to acknowledge
ew înkar dike, înkar kirin	to deny
nav *(f)*, nava malê	centre, middle
ew dinihêre, nihêrîn	to look at, to view
cî *(m)*, cîyê min	place
di cîyekî de	somewhere, anywhere
mena *(f)*, menaya kelîmeyê	meaning

CUSTOMS & CULTURES

Language ban in Turkey

As Johannes Meyer-Ingwersen* pinpoints, «the Kurdish language has been harshly suppressed for decades». For many years the existence of the Kurdish people as well as their language has been denied.

There was a language ban act in Turkey for a long time, which even lead to the infliction of penalty for speaking Kurdish. Since the abolition of this act in 1992, the Kurdish language has been allowed as a written language in the print media, but its use in state-owned institutions as well as in public buildings is still prohibited. Consequently, Kurdish children are taught in Turkish when they start school, not in their mother tongue.

* Metzler Lexikon Sprache, ed. by Helmut Glück, Stuttgart; Weimar: Metzler 1993. P. 348.

The Imperfect Tense

In the text «*Ji Edebîyata Kurdî*», the author uses a new tense: the imperfect tense. In order to express that in the past something is done repeatedly, the imperfect is used.

In order to form the imperfect, the prefix *di-* is put in front of the simple past form.

Imperfect		Simple past	
ez	di – çû – m	ez	çû – m
tu	di – çû – y-î	tu	çû – y-î
ew	di – çû – Ø	ew	çû – Ø
em	di – çû – n	em	çû – n
hûn	di – çû – n	hûn	çû – n
ew	di – çû – n	ew	çû – n

1. **a) In the sentences above the imperfect tense is used. Underline the verbs used in this tense.**

   b) In one sentence the passive is used. Mark it with a cross.

   c) Translate the sentences into English.

   Êdî li derva me tim bi Tirkî xeber dida.

   ....

   Wexta mezinên me yên ku Tirkî nizanîbûn, dihatin, me bi wan re bı Kurdî xeber dida.

   ....

   ....

   Wê ew sirf fêm dikir.

   ....

   Wexta xeberdanê diket tengasîyê.

   ....

   Loma me bi hev re her dem bi Kurdî xeber dida...

   ....

Li van deran Kurdî pir dihate xeberdan…

....

Wê çaxê jî, berê jî, te didît ku hinek zimanê dîya min nas nakin, înkar dikin…

....

Hinekan li nava çavên min dinihêrîn û digotin: «Zimanê Kurdî tuneye.»

....

Ew gotin di cîyekî de dihate vê menayê: «Tu jî tuneyî…»

....

2. **Conjugate the verbs** şîyar kirin, danîn, girtin, cewab dan *and* gotin *in the present and in the imperfect tense.*

pirsîn (perfect stem: *pirsî*)	
ez dipirsim	em dipirsin
min dipirsî	me dipirsî
tu dipirsî	hûn dipirsin
te dipirsî	we dipirsî
ew dipirse	ew dipirsin
wî / wê dipirsî	wan dipirsî

3. *Repetition: ergativity*

a) In the sentences below ergativity is used. Please underline the subject.

b) In the last sentence both verbs are in plural. Why?

- Min heya heft salî bi zimanê dîya xwe xeber da.

- Êdî li derva me tim bi Tirkî xeber dida.

- Me bi wan re Kurdî xeber dida.

- Lê tu çaxî tama Kurdî ji bîra min neçû.

- Min çavê xwe bi stranên Kurdî vekir.

- Wê Tirkî sirf fêm dikir.

- Loma me bi hev re her dem bi Kurdî xeber dida.

- Te didît ku hinek zimanê dîya min nas nakin, înkar dikin.

- Hinekan li nava çavên min dinihêrîn û digotin: «Zimanê Kurdî tune ye.»

The Past Perfect Tense

Another tense that appears in the text *«Ji Edebîyata Kurdî»* is the past perfect tense. The past perfect is the so-called pre-past and expresses an event that has taken place before another event in the past. In order to form this tense, the perfect stem obtains the following suffixes:

intransitive verbs:

The perfect stem ends with a consonant:
    perfect stem + *i* + *bû* + personal suffix

ez	*ketibûm*	–	I had fallen down
tu	*ketibûyî*	–	you had fallen down
ew	*ketibû*	–	he/she/it had fallen down
em	*ketibûn*	–	we had fallen down
hûn	*ketibûn*	–	you had fallen down
ew	*ketibûn*	–	they had fallen down

The perfect stem ends with a vowel:
    perfect stem + *bû* + personal suffix

ez	*mabûm*	–	I had stayed
tu	*mabûyî*	–	you had stayed
ew	*mabû*	–	he/she/it had stayed
em	*mabûn*	–	we had stayed
hûn	*mabûn*	–	you had stayed
ew	*mabûn*	–	they had stayed

transitive verbs:

The perfect stem ends with a consonant:
    perfect stem + *i* + *bû*

min	*girtibû*	–	I had taken
te	*girtibû*	–	you had taken
wî/wê	*girtibû*	–	he/she/it had taken
me	*girtibû*	–	we had taken
we	*girtibû*	–	you had taken
wan	*girtibû*	–	they had taken

The perfect stem ends with a vowel:

perfect stem + *bû*

min	*dabû*	–	I had given
te	*dabû*	–	you had given
wî/wê	*dabû*	–	he/she/ it had given
me	*dabû*	–	we had given
we	*dabû*	–	you had given
wan	*dabû*	–	they had given

1. In the text «Xezala Min, Delala Min», two sentences appear in the past perfect tense. Read the text again and find the two sentences.

2. Conjugate the infinitives in the past perfect and fill them in the gaps.

- Zozanê di dema razanê de antênek .... (danîn) ber belîfa xwe. Lezgînê ji wê .... (pirsîn): «Ev antên ji bo çi ye?»

Zozanê .... (gotin): «Ji bo ez xewnên zelal bibînim.»

- Sibehekê jinekê mêrê xwe ji xew .... (şîyar kirin) û .... (gotin): «Rabe, rabe camêro. Mişkek di mitbaxê de heye.» Newzo ji wê re bi hêrs .... (gotin): «Vêca ma ez pisîk im?»

- Dibistan tetîl .... (bûn). Zarokan karneyên xwe .... (girtin). Dû re ew .... (çûn) malên xwe. Lezgîn çawa .... (ketin) hundir, diya wê ji wê .... (pirsîn): «Ka karneya te?»

Lezgînê .... (cewab dan): «Min bi emanetî da hevalekî xwe. Ew ê bi karneya min bavê xwe bitirsîne.»

- Newzo li qehweyê ji hevalên xwe re .... (gotin): «Yên ku ji jina xwe ditirsin bila rabin pîya!»

Yek ne tê de hemû .... (rabûn) pîya. Wan ji wî .... (pirsîn): «Welê xuya ye ku tenê tu ji jina xwe natirsî?

Ev meriv: «Na welleh, jinikê vê sibê li min xist ku ji êşa wê ez nikarim rabim ser xwe!»

Time – Minute Indication

In order to indicate the minutes when telling the time, two different forms are used in Kurdish for the 1st to the 29th minute and the 31st to the 59th minute:

1st to 29th minute:

seet ji ... (hour + oblique case) ... (minute) derbas dibe.
– it is ... past ...

02.20/14.20 Uhr: Seet ji dudiyan bîst (deqîqe) derbas dibe.

01.25/13.25 Uhr: Seet ji yekê bîst û pênc (deqîqe) derbas dibe.

03.14/15.14 Uhr: Seet ji sisêyan çardeh (deqîqe) derbas dibe.

31st to 59th minute:

seet ji ... (hour + oblique case) re ... (minute) heye.

02.35/14.35 Uhr: Seet ji sisêyan re bîst û pênc (deqîqe) heye.

01.40/13.40 Uhr: Seet ji dudiyan re bîst (deqîqe) heye.

03.53/15.53 Uhr: Seet ji çaran re heft (deqîqe) heye

The use of the word *deqîqe* (minute) is optional. The word for *quarter* in Kurdish is *çaryek*, which can be used to replace the minute indication.

---

1. Fill in the time:

_____(11.07)

Seet ji dehan bîst deqîqe derbas dibe. (10.20)

_____(10.40)

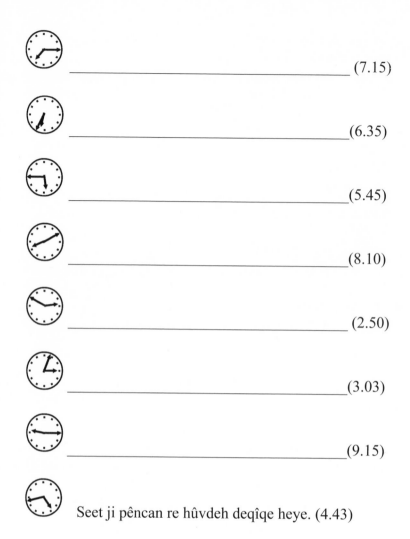

_____ (7.15)

_____ (6.35)

_____ (5.45)

_____(8.10)

_____ (2.50)

_____ (3.03)

_____(9.15)

Seet ji pêncan re hûvdeh deqîqe heye. (4.43)

2. Write dialogues following the example:

Example:
Rizgo, Elî (10.20)

R: Elî, seet çend e?
E: Seet ji dehan bîst (deqîqe) derbas dibe.

Silêman (1.04), Xêrîya (8.13), Mişîqe (4.40), Ronahî (12.46), Gulfîdan (6.26), Aram (7.52), Rêzan (3.33)

ANSWER KEY

MIFTE

Page 13 (no. 3)

X̱ebat	We̱lî	Feqî	Hê̱lîn
Ce̱wad	X̱weşnav	H̱esen	Ke̱jê
Gulê̱	Silê̱man	We̱zîr	Elî̱f
W̱elat	Peṟwîn	Cî̱wan	Cizîṟî
Ş̱akîr	W̱edat	C̱ahît	Ev̱în

Page 14 (no. 4)

Page 14 (no. 5)

a) ç/Ç, ê/Ê, î/Î, ş/Ş, û/Û

b) a/A, e/E, ê/Ê, i/İ, î/Î, o/O, u/U, û/Û

c) b/B, c/C, ç/Ç, d/D, f/F, g/G, h/H, j/J, k/K, l/L, m/M, n/N, p/P, q/Q, r/R, s/S, ş/Ş, t/T, v/V, w/W, x/X, y/Y, z/Z

Page 15 (no. 7)

Bê**j**an	**Ç**îya	Ber**ç**em	**Ç**îxerxwîn
Cîhan	**S**er**fî**naz	So**s**in	**S**orgul
Çem	**C**eladet	**C**ira	Ci**w**an
Çinar	Gelawê**j**	Hê**j**ar	Di**l**kanî
Di**l**naz	Ke**j**ê	Ro**j**	**D**îno
Çîya	A**w**ê	A**v**şîn	**Z**êrrîn
Şakîr	**W**edat	**C**ahît	E**v**în

Page 18 (no. 1)

ez (I)	em (**we**)
tu (you)	hûn (**you**)
ew (he/she/it)	ew (**they**)

Page 18 (no. 2)

Newzo:	Êvara we bi xêr!
Hecî Mexso:	Êvara te jî bi xêr! Merheba.
Newzo:	Hûn baş **in**, înşaellah?
Hecî Mexso:	Xwedê emrê te dirêj bike! Ez baş **im**. Tu jî baş **î**?
Newzo:	Ez jî baş **im** hecî, destê te radimîsim.
Hecî Mûsa:	Merheba.
Newzo:	Merheba, apo. Tu baş **î**, înşaellah?
Hecî Mûsa:	Sax bî, birazî. Tu jî rihet î?
Newzo:	Ez baş **im**, hecî! Destê te radimîsim.
Hecî Mûsa:	Mistefa çawa ye?
Newzo:	Baş **e**. Destê te radimîsim.
Hecî Mexso:	Îcar hecî em werin ser meşa hespan...

Page 18 (no. 3)

I am doing well.	–	Ez **baş im.**
You are doing well.	–	Tu **baş î.**
He/She is doing well.	–	Ew **baş e.**
We are doing well.	–	Em baş in.
You are doing well.	–	Hûn **baş in.**
They are doing well.	–	Ew baş in.

Page 21 (no. 4)

Ez zarok/pîr/nexweş/kal/doxtor im.
Tu zarok/pîr/nexweş/kal/doxtor î.
Ew zarok/pîr/nexweş/kal/doxtor e.
Em zarok/pîr/nexweş/kal/doxtor in.
Hûn zarok/pîr/nexweş/kal/doxtor in.
Ew zarok/pîr/nexweş/kal/doxtor in.

Ez jêhatî/telebe me.
Tu jêhatî/telebe yî.
Ew jêhatî/telebe ye.
Em jêhatî/telebe ne.
Hûn jêhatî/telebe ne.
Ew jêhatî/telebe ne.

Page 21 (no. 5)

ez – ap (uncle) – hecî; Zozan – nexweş – pîr; Xêrîya – rêwî – baş

Ez ap im. Ez hecî me. Zozan nexweş e. Ew pîr e. Xêrîya rêwî ye. Ew baş e.

Page 21 (no. 6)

Elî (E), Gulsim (G)

E: Tu baş î, Gulsim?
G: Ez baş **im**, lê tu?

E: **Ez** jî baş **im**. Ehmed çawa **ye**?
G: Ehmed baş **e**.

E: Zarok çawa **ne**?
G: Ew jî baş **in**.

Page 21 (no. 7)

    Zarok nex<u>weş</u> in?
    Telebe jê<u>hatî</u> ne?
    Xêrîya rê<u>wî</u> ye?
    Gulsim <u>baş</u> e?
    Zozan he<u>cî</u> ye?
    Xort be<u>dew</u> e?

Page 27 (no. 1)

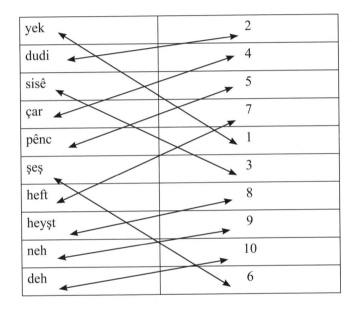

yek	2
dudi	4
sisê	5
çar	7
pênc	1
şeş	3
heft	8
heyşt	9
neh	10
deh	6

Page 28 (no. 3)

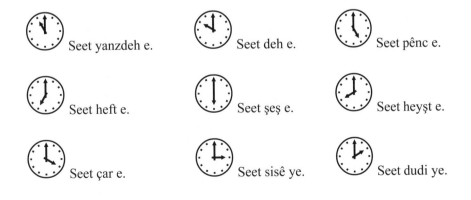

Seet yanzdeh e.

Seet deh e.

Seet pênc e.

Seet heft e.

Seet şeş e.

Seet heyşt e.

Seet çar e.

Seet sisê ye.

Seet dudi ye.

Seet yek e.　 Seet neh e.

Page 28 (no. 4)

Silêman (1), Xêrîya (8), Mişîqe (4), Ronahî (12), Gulfîdan (6), Aram (7), Rêzan (3)

R: Silêman, seet çend e?
S: Seet yek e.

R: Xêrîya, seet çend e?
X: Seet heyşt e.

R: Mişîqe, seet çend e?
M: Seet çar e.

R: Ronahî, seet çend e?
R: Seet donzdeh e.

R: Gulfîdan, seet çend e?
G: Seet şeş e.

R: Aram, seet çend e?
A: Seet heft e.

R: Rêzan, seet çend e?
R: Seet sisê ye.

Page 28 (no. 5)

Aram (♂)	- Aramo	Perwîn (♀)	- Perwînê
Berfîn (♀)	- Berfînê	Qasim (♂)	- Qasimo
Cîwan (♂)	- Cîwano	Tewfîq (♂)	- Tewfîqo
Dilber (♀)	- Dilberê	Rojda (♀)	- Rojdayê
Êzdîn (♂)	- Êzdîno	Weysel (♂)	- Weyselo
Hêlîn (♀)	- Hêlînê	Xebat (♂)	- Xebato
Gulsim (♀)	- Gulsimê		

Page 29 (no. 6)

«Euro-words»	
	meaning
kartol *(f)*	potato
radyo *(f)*	radio
texsî *(f)*	taxi
şofêr *(f/m)*	driver
doxtor *(f/m)*	doctor
otobês *(f)*	bus
tomatês *(f)*	tomato
erd *(m)*	earth, soil, ground
tîren *(f)*	train
turîst *(f/m)*	tourist
telefon *(f)*	telephone
mîgren *(f)*	migraine
bisîklet *(f)*	bicycle
tramvay *(f)*	tramway
henne *(f)*	henna, wedding-eve party
lambe *(f)*	lamp
kompûter *(f)*	computer

Page 31 (no. 1)

Berfîn (6), Xezal (10), Nûrê (12), Rohat (4), Xêrîya (11), Silêman (5), Gulsim (8)

Rizo û Berfîn (6)
R: Navê te çi ye?
B: Navê min Berfîn e, apo.
R: Tu çend salî yî, Berfîn?
B: Ez şeş salî me.

Rizo û Xezal (10)
R: Navê te çi ye?
X: Navê min Xezal e, apo.

R: Tu çend salî yî, Xezal?
X: Ez deh salî me.

Rizo û Nûrê (12)
R: Navê te çi ye?
N: Navê min Nûrê ye, apo.
R: Tu çend salî yî, Nûrê?
N: Ez donzdeh salî me.

Rizo û Rohat (4)
R: Navê te çi ye?
R: Navê min Rohat e, apo.
R: Tu çend salî yî, Rohat?
R: Ez çar salî me.

Rizo û Xêrîya (11)
R: Navê te çi ye?
X: Navê min Xêrîya ye, apo.
R: Tu çend salî yî, Xêrîya?
X: Ez yanzdeh salî me.

Rizo û Silêman (5)
R: Navê te çi ye?
S: Navê min Silêman e, apo.
R: Tu çend salî yî, Silêman?
S: Ez pênc salî me.

Rizo û Gulsim (8)
R: Navê te çi ye?
G: Navê min Gulsim e, apo.
R: Tu çend salî yî, Gulsim?
G: Ez heyşt salî me.

Page 32 (no. 2)

Hêlîn	hecî
Heval	merheba
hêk (das Ei)	henne
hesp (das Pferd)	Hekarî
hevîr (der Teig)	Hemdî
hirî (die Wolle)	Helebçe
hêdî (langsam)	Heyder
hûn	hîjdeh

Page 33 (no. 3)

erzan (cheap)   erebe
ew   (he/she/it)   erd (earth, ground, soil)
eşkere (obvious)   eşîr (line, aristocratic)
ev (this)   enî (forehead)
ez (I)   enîşk (elbow)
edebîyat (literature)   emr (age)
em (we)   eynî (same)

Page 35 (no. 1)

Rizgo (R), Ehmed (E)

R: Tu baş **î**, Ehmed?
E: Belê, **ez** baş **im**, Rizo? Lê tu?
R: Na, **ez ne** baş **im**. Ez nexweş **im**.
E: Tu îdî kal **î**. Normal **e**.
R: De here lo! Ez **ne** kal **im**. Tu kal **î**.
E: Belê, **ez** kal **im**, lê ne nexweş **im**.
     Zarok çawa **ne**? Xêrîya çawa **ye**?
R: Zarok baş **in**. Xêrîya jî baş **e**.
     Belê, ew baş **in**.

Selman (S), Reşo (R)

S: Tu telebe **yî**?
R: Na, ez **ne** telebe **me**. Ez doxtor **im**. Lê tu?
S: Ez **telebe me**.

Page 35 (no. 2)

- Tu telebe yî?   Belê, ez telebe me.
- Ew zarok e?   Belê, ew zarok e.
- Xêrîya pîr e?   Erê, Xêrîya pîr e.
- Rizgo kal e?   Belê, Rizgo kal e.
- Hûn nexweş in?   Belê, ez nexweş im.
- Ew bedew e?   Belê, ew bedew e.
- Ew Zozan e?   Erê, ew Zozan e.
- Hûn rêwî ne?   Belê, em rêwî ne.

Page 36 (no. 3)

- Tu jêhatî yî?	Na, ez ne jêhatî me.
- Tu telebe yî?	Na, ez ne telebe me.
- Ew zarok e?	Na, ew ne zarok e.
- Xêrîya pîr e?	Na, Xêrîya ne pîr e.
- Rizgo kal e?	Na, Rizgo ne kal e.
- Hûn nexweş in?	Na, em ne nexweş in.
- Ew bedew e?	Na, ew ne bedew e.
- Ew Zozan e?	Na, ew ne Zozan e.
- Hûn rêwî ne?	Na, em ne rêwî ne

Page 36 (no. 3)

- Mexso hecî ye?	*Belê, Mexso hecî ye.*
- Hecî Mûsa kerr e?	Na, hecî Mûsa ne kerr e.
- Mistefa baş e?	Mistefa baş e.
- Xezal heyşt salî ye?	Xezal ne heyşt salî ye.
- Ûsib deh salî ye?	Ûsib ne deh salî ye, ew şeş salî ye.
- Xezal û Ûsib baş in?	Belê, ew baş in.

Page 37 (no. 1)

Rizgo (R), Ehmed (E)

R: Tu baş **î**, Ehmed?

E: Belê, **ez** baş **im**, Rizo? Lê tu?

R: Na, ez baş **ninim**. Ez nexweş **im**.

E: Tu îdî kal **î**. Normal **e**.

R: De here lo! Ez kal **ninim**. Tu kal **î**.

E: Belê, **ez** kal **im**, lê ez nexweş **ninim**.
Zarok çawa **ne**? Xêrîya çawa **ye**?

R: Zarok baş **in**. Xêrîya jî baş **e**.
Belê, ew baş **in**.

Selman (S), Reşo (R)

S: Tu telebe **yî**?

R: Na, ez telebe **ninim**. Ez doxtor **im**. Lê tu?

S: Ez **telebe me**.

Page 38 (no. 2)

- *Mexso ne hecî ye?*   *Mexso hecî nine.*

- Hecî Mûsa ne kerr e.   Hecî Mûsa kerr **nine**.

- Mistefa ne baş e.   Mistefa baş **nine**.

- Xezal ne heyşt salî ye.   Xezal heyşt salî **nine**.

- Ûsib ne deh salî ye.   Ûsib deh salî **nine**.

- Xezal û Ûsib ne baş in.   Xezal û Ûsib baş **ninin**.

Page 38 (no. 3)

- *Tu jêhatî yî?*   *Na, ez jêhatî ninim.*

- Tu telebe yî?   Na, ez telebe ninim.

- Ew zarok e?   Na, ew zarok nine.

- Xêrîya pîr e?   Na, Xerîya pîr nine.

- Rizgo kal e?   Na, Rizgo kal nine.

- Hûn nexweş in?   Na, em nexweş ninin.

- Ew bedew e?   Na, ew bedew nine.

- Ew Zozan e?   Na, ew Zozan nine.

- Hûn rêwî ne?   Na, em rêwî ninin.

Page 46 (no. 1 a and b)

sibeha te	–	your morning
kêfa wan	–	your mood
kêfa min	–	my mood
heyata we	–	your life
tiştên din	–	other things
xatirê te	–	literally: your parting
çavê min	–	my eye
bîsîkletên Newzad û Kendal	–	Newzad's and Kendal's bicycles

Page 46 (no. 2a)

sibeha te	–	sibeh (f)
kêfa wan	–	kêf (f)
kêfa min	–	kêf (f)
heyata we	–	heyat (f)
tiştên din	–	tişt (Pl.)
xatirê te	–	xatir (m)
çavê min	–	çav (m)
bîsîkletên Newzad	–	bîsîklet (Pl.)

Page 46 (no. 2b)

seeta min	–	my watch
emrê te	–	my life
destê we	–	your hand
xortên din	–	the other teenagers
êvara we	–	your evening
deftera wê	–	her notebook
zarokên me	–	our children
qelema wî	–	his pen
mekteba me	–	our school
dikana min	–	my shop

Page 47 (no. 2c)

seet (f), emr (m), êvar (f), qelem (f), dest (m), defter (f), mekteb (f), xort (m), zarok (f), dikan (f)

Page 47 (no. 3)

kitêb	kitêba wî	his book
ap	apê wê	her uncle
hesp	hespê wî	his horse
doxtor	doxtora wê	her doctor
seet	seeta wî	his watch
heywan	heywanên wê	her animals

telefon	telefona wî	his telephone
mîgren	mîgrena wê	her migraine
nav	navê wî	his name
penêr	penêrê wê	his cheese

Page 47 (no. 4a)

Derya:	Alo?
Pelda:	Alo! Derya, tu yî?
Derya:	Belê, ez im.
Pelda:	Sibeha te bixêr, Derya.
Derya:	Sibeha te jî bixêr, Pelda. Tu baş î, Pelda? Zarok çere ne?
Pelda:	Zarok dilîzin. Ez jî baş im, tu sax bî. Hûn çi dikin?
Derya:	Em jî baş in. Em rûdinên. Hewa pir germ e!
Pelda:	Hûn rûdinên?
Derya:	Belê, em rûdinên. Stenbol pir germ e. Meriv sirf rûdinê, xûdide û serê xwe dişo. Ancax, em êvaran diçin derva. Hûn çi dikin? Hewa li wir çere ye?
Pelda:	Li vir hewa zêde germ nine; hênik e. Em zêde, zêde digerin û spor dikin. Em niha dîsa diçin. Bîsîkletên Newzad û Kendal hazir in. Kêfa wan li cî ye. Ez jî îdî erebeyê diajom. Yanê kêfa min jî li cî ye.
Derya:	Welleh heyata we xweş e!
Pelda:	Rast e, niha hewa li vir xweş e. Li wir jî tiştên din xweş in. Derya, zarok hazir in. Ez niha xatir dixwazim. Ez ê cardin telefon bikim.
Derya:	Hema evqas?
Pelda:	Îroj evqas. Bi xatirê te.
Derya:	De baş e. Oxir be, çavê min.

Page 47 (no. 4b)

Zarok dilîzin.	–	The children are playing.
Hûn çi dikin?	–	What are you doing?
Em rûdinên.	–	We are sitting.

Hûn <u>rûdinên</u>?	–	Are you sitting?
Belê, em <u>rûdinên</u>.	–	Yes, we are sitting.
Meriv sirf <u>rûdinê</u>, <u>xûdide</u> û serê xwe <u>dişo</u>.	–	One only sits, sweats and takes a shower.
Ancax, em êvaran <u>diçin</u> derva.	–	We only go out in the evening.
Em zêde, zêde <u>digerin</u> û <u>spor dikin</u>.	–	We go a lot for walks and do sports.
Em niha dîsa <u>diçin</u>.	–	We are now going (out) again.
Ez jî îdî erebeyê <u>diajom</u>.	–	I am now also driving a car.

Page 48 (no. 4c)

dilîze, dike, rûdinê, xûdide, serê xwe dişo, diçe, digere, spor dike, diajo

Page 48 (no. 4d)

telefon dike, rûdinê, xûdide, serê xwe dişo, digere, diajo, xatir dixwaze, radimîse

ez	telefon dikim, rûdinêm, xûdidim, serê xwe dişom, digerim, diajom, xatir dixwazim, radimîsim
tu	telefon dikî, rûdinê, xûdidî, serê xwe dişoyî, digerî, diajoyî, xatir dixwazî, radimîsî
ew	telefon dike, rûdinê, xûdide, serê xwe dişo, digere, diajo, xatir dixwaze, radimîse
em/hûn/ew	telefon dikin, rûdinên, xûdidin, serê xwe dişon, digerin, diajon, xatir dixwazin, radimîsin

Page 48 (no. 5)

sentence	components of the verb	person	present stem
Zarok dilîzin.	di-lîz-in	3rd pers. pl.	-lîz-
Hûn çi dikin?	di-k-in	3rd pers. pl.	-k-
Em rûdinên.	rû-di-nê-n	1st pers. pl.	rû-nê-
Meriv sirf xûdide.	xû-di-d-e	3rd pers. sing.	xû-d-
Meriv sirf serê xwe dişo.	di-şo	3rd pers. sing.	-şo-
Êvaran em diçin derva.	di-ç-in	1st pers. pl.	-ç-
Em zêde, zêde digerin.	di-ger-in	1st pers. pl.	-ger-
Ez jî îdî erebeyê dajom.	d-ajo-m	1st pers. sing.	-ajo-
Ez niha xatir dixwazim.	di-xwaz-im	1st pers. sing.	-xwaz-

Page 50 (no. 1)

Zarok dilîze.	–	Zarok dilîzin.
Telebe rûdinê.	–	Telebe rûdinên.
Hecî diçe.	–	Hecî diçin.
Doxtor xatir dixwaze.	–	Doxtor xatir dixwazin.
Nexweş rûdinê.	–	Nexweş rûdinên.
Xort digere.	–	Xort digerin.
Zarok destê wî radimîse.	–	Zarok destê wî radimîsin.
Rêwî telefon dike.	–	Rêwî telefon dikin.
Meriv serê xwe dişo.	–	Meriv serê xwe dişon.

Page 50 (no. 2)

Zarok (wê) dilîze.	–	Zarokên wê dilîzin.
Telebe (min) rûdinê.	–	Telebeyên wî rûdinên.
Hecî (Alman) diçe.	–	Hecîyên me diçin.
Doxtor (te) xatir dixwaze.	–	Doxtorên te xatir dixwaze.
Nexweş (nû) rûdinê.	–	Nexweşên nû rûdinên.
Xort (din) digere.	–	Xortên din digerin.
Zarok (min) destê wî radimîse.	–	Zarokên min destê wî radimîsîn.
Rêwî (nû) telefon dike.	–	Rêwîyên nû telefon dikin.
Meriv (kal) serê xwe dişo.	–	Merivê kal serê xwe dişo.

Page 55 (no. 1a)

Ev hirç e. <u>Hirça sipî</u> ye. <u>Hirçên sipî</u> li Cemsara Bakur dijîn. Ew gir in û baş ajne dikin. <u>Pirça wan</u> sipî û gewr e. <u>Nêçîra wan</u> masî û fok in.

Ev hesp e. <u>Hespên reş</u>, <u>hespên sipî</u> û <u>hespên qehweyî</u> hene. <u>Hespên ereb</u> gelek jêhatî ne.

Ev kûçik e. Ev <u>kûçikê kangal</u> e. <u>Pirraniya wan</u> sipî ne, lê <u>pozên wan</u> reş in. Ev kûçik gelek baqil in.

Ev pisîk e. <u>Pisîkên kûvî</u> û <u>pisîkên kedî</u> hene. <u>Pisîkên kûvî</u> li daristanan dijîn.

Ev hêştir e. <u>Hêştira yekmilik</u> û <u>hêştira dumilik</u> heye. <u>Hêştira nêr</u> lok e, <u>hêştira mê</u> meye ye.

Page 55 (no. 1b)

noun phrase	noun	ezafe	adjective
hirça sipî - the white bear	hirç	-a	sipî
pirça wan - their fur	pirç	-a	wan
nêçîra wan - their hunt	nêçîr	-a	wan
hespên reş - black horses / the black horses	hesp	-ên	reş
hespên sipî - white horses / the white horses	hesp	-ên	sipî
hespên qehweyî - brown horses / the brown horses	hesp	-ên	qehweyî
hespên ereb - Arabic horses / the Arabic horses	hesp	-ên	ereb
kûçikê kangal - Kangal dog	kûçik	-ê	kangal
pirranîya wan - the majority of them	pirranî	-ya	wan
pozên wan - their noses	poz	-ên	wan
pisîkên kûvî - wild cats / the wild cats	pisîk	-ên	kûvî
pisîkên kedî - tame cats / the tame cats	pisîk	-ên	kedî
hêştira yekmilik - one-humped camel	hêştir	-a	yekmilik
hêştira dumilik - two-humped camel	hêştir	-a	dumilik
hêştira nêr - male camel	hêştir	-a	nêr
hêştira mê - female camel	hêştir	-a	mê

Page 55 (no. 2)

bira – telebe – mase – erebe – henne – mixaze – mamoste

birayê min - telebeyên min - maseya min - erebeya min - henneya min - mixazeya min - mamosteya min

Page 56 (no. 3)

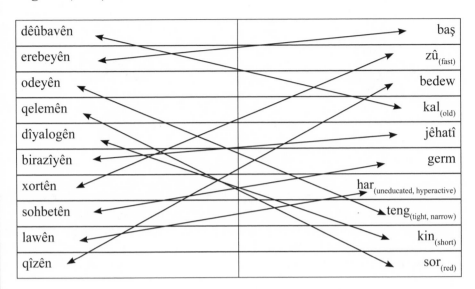

dêûbavên	baş
erebeyên	zû(fast)
odeyên	bedew
qelemên	kal(old)
dîyalogên	jêhatî
birazîyên	germ
xortên	har(uneducated, hyperactive)
sohbetên	teng(tight, narrow)
lawên	kin(short)
qîzên	sor(red)

Page 56 (no. 4)

bira – telebe – mase – erebe – henne – mixaze – mamoste

Ev birayê te ye?
Telebeyên wê jêhatî ne.
Maseya Ûsib sor e.
Erebeya wê zû ye.
Henneya me pirr e.
Mixazeya Azad teng e.
Mamosteyê min baş e.

Page 57 (no. 5)

Ev çi ye?   Ev çi ye?   Ev çi ye?

Ev qîz e.   Ev qelem e.   Ev erebe ye.

Ev çi ye?	Ev çi ye?	Ev çi ye?
Ev kitêb e.	Ev pisîk e.	Ev bîsîklêt e.

Page 61 (no. 1a)

Newzad îroj aciz dibe. Ew <u>nalîze</u>, lê <u>rûnanê</u> jî. Newzad hema diçe û tê, lê <u>naçe</u> derva jî. Ew dibêje «ez aciz dibim» û tiştekî din <u>nabêje</u>. Dîya wî dibêje: «Kurê min, tu çima min ewqas aciz dikî?» Li ser vê gotinê Newzad ji dîya xwe dixeyîde. Ew îdî qise <u>nake</u> û bi hêrs li dîya xwe mêze dike. Lê gava dîya wî çîkolatayê ray wî dide, ew him hêrsê û him jî xeyîdîne ji bîr dike û dibêje: «Ez pir ji te hez dikim, dayê».

Page 61 (no. 1b)

Ew nalîze.	–	He does not play.
Lê ew rûnanê jî.	–	But he also does not sit.
Lê (ew) naçe derva jî	–	But he also does not go out.
Ew tiştekî din nabêje.	–	He does not say anything else.
Ew îdî qise nake.	–	He also does not speak anymore.

Page 61 (no. 1c)

telefon dike, rûdinê, xûdide, serê xwe dişo, digere, diajo, xatir dixwaze, radimîse

ez	telefon nakim, rûnanêm, xûnadim, serê xwe naşom, nagerim, najom, xatir naxwazim, ranamîse
tu	telefon nakî, rûnanêyî, xûnadî, serê xwe naşoyî, nagerî, najoyî, xatir naxwazî, ranamîsî
ew	telefon nake, rûnanê, xûnade, serê xwe naşo, nagere, najo, xatir naxwaze, ranamîse
em/hûn/ew	telefon nakin, rûnanên, xûnadin, serê xwe naşon, nagerin, najon, xatir naxwazin, ranamîsin

Page 61 (no. 2)

affirmative sentence		negative sentence
Zarok dilîzin.	–	Zarok nalîzin.
Em rûdinên.	–	Em rûnanên.
Meriv xûdide.	–	Meriv xûnade.
Meriv serê xwe dişo.	–	Meriv serê xwe naşo.
Êvaran em diçin derva.	–	Êvaran em naçin derva.
Em digerin.	–	Em nagerin.
Ez erebeyê diajom.	–	Ez erebeyê najom.
Ez xatir dixwazim.	–	Ez xatir naxwazim.

Page 62 (no. 1)

sifir	deh	bîst	sî	çil	pêncî	şêst	heftê	heyştê	nod
yek	yanz-deh	bîst û yek	sî û yek	çil û yek	pêncî û yek	şêst û yek	heftê û yek	heyştê û yek	nod û yek
dudi	donz-deh	bîst û dudi	sî û dudi	çil û dudi	pêncî û dudi	şêst û dudi	heftê û dudi	heyştê û dudi	nod û dudi
sisê	sêzdeh	bîst û sisê	sî û sisê	çil û sisê	pêncî û sisê	şêst û sisê	heftê û sisê	heyştê û sisê	nod û sisê
çar	çardeh	bîst û çar	sî û çar	çil û çar	pêncî û çar	şêst û çar	heftê û çar	heyştê û çar	nod û çar
pênc	panz-deh	bîst û pênc	sî û pênc	çil û pênc	pêncî û pênc	şêst û pênc	heftê û pênc	heyştê û pênc	nod û pênc
şeş	şanz-deh	bîst û şeş	sî û şeş	çil û şeş	pêncî û şeş	şêst û şeş	heftê û şeş	heyştê û şeş	nod û şeş
heft	hûv-deh	bîst û heft	sî û heft	çil û heft	pêncî û heft	şêst û heft	heftê û heft	heyştê û heft	nod û heft
heyşt	hîjdeh	bîst û heyşt	sî û heyşt	çil û heyşt	pêncî û heyşt	şêst û heyşt	heftê û heyşt	heyştê û heyşt	nod û heyşt
neh	nonz-deh	bîst û neh	sî û neh	çil û neh	pêncî û neh	şêst û neh	heftê û neh	heyştê û neh	nod û neh

Page 63 (no. 2)

yek	1	pênc	5	heyşt	8
bîst û çar	24	sî û şeş	36	çardeh	14
çil û dudi	42	heftê û çar	74	şêst û heyşt	68

Page 63 (no. 3)

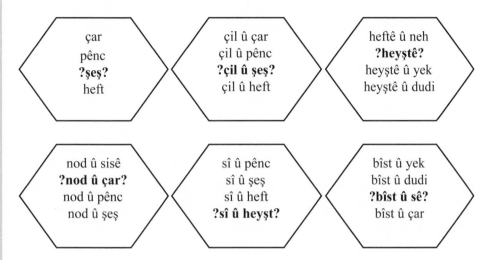

çar
pênc
?şeş?
heft

çil û çar
çil û pênc
?çil û şeş?
çil û heft

heftê û neh
?heyştê?
heyştê û yek
heyştê û dudi

nod û sisê
?nod û çar?
nod û pênc
nod û şeş

sî û pênc
sî û şeş
sî û heft
?sî û heyşt?

bîst û yek
bîst û dudi
?bîst û sê?
bîst û çar

Page 63 (no. 4)

23 bîst û sisê	79 heftê û neh	98 nod û heyşt
91 nod û yek	44 çil û çar	12 donzdeh
33 sî û sisê	15 panzdeh	51 pêncî û yek
84 heyştê û çar	65 şêst û pênc	63 şêst û sisê

Page 66 (no. 1)

Joachim (Almanî) – Umberto (Îtalî) – James (Îngilîzî) – Bernadette (Fransî) – Rîcardo (Spanî) – Ehmed (Ûrdî) - Marek (Polonî) – Vladimir (Rûsî) – Vaclav (Çekî)

Joachim Almanî dizane.	Joachim can speak German.
Umberto Îtalî dizane.	Umberto can speak Italian.
James Îngilîzî dizane.	James can speak English.
Bernadette Fransî dizane.	Bernadette can speak French.
Rîcardo Spanî dizane.	Ricardo can speak Spanish.
Ehmed Ûrdî dizane.	Ehmed can speak Urdu.
Marek Polonî dizane.	Marek can speak Polish.
Vladimir Rûsî dizane.	Vladimir can speak Russian.
Vaclav Çekî dizane.	Vaclav can speak Czech.

Page 66 (no. 2)

Ehmed (40) – doxtor – Kurdî-Almanî-Tirkî
Zozan (36) – mamoste – Yûnanî–Kurdî – Tirkî
Gulsim (17) – telebe – Kurdî-Tirkî-Îngilîzî
Mistefa (60) – rêncber – Kurdî – hinekî Tirkî
Joachim (52) – Almanî, Tirkî, Fransî, Latînî

Ehmed çil salî ye. Ew doxtor e. Ehmed Kurdî, Almanî û Tirkî dizane.
Zozan sî û şeş salî ye. Ew mamoste ye. Zozan Yûnanî, Kurdî û Almanî dizane.
Gulsim huvdeh salî ye. Ew telebe ye. Gulsim Kurdî, Tirkî û Îngilîzî dizane.
Mistefa şêst salî ye. Ew rêncber e. Mistefa Kurdî û hinekî Tirkî dizane.
Joachim pêncî û du salî ye. Ew Almanî, Fransî û Latînî dizane.

Page 67 (no. 1)

55, 69, 34, 2, 77, 16, 38, 91, 70, 23, 89, 19, 50, 84, 27, 12, 47, 76, 95, 41, 7, 63, 8, 88

Page 69 (no. 1)

Mihemed Elî (Rûsî) – Osman (Fransî) – Nejat (Çekî) – Burhan (Kurdî) – Serhat (Tirkî)

Seîd Îtalî dizane?
Belê, ew Îtalî dizane. *Ew Îtalî nizane./ Na, ew Îtalî nizane.*
Mihemed Elî Rûsî dizane?
Belê, ew Rûsî dizane. Ew Rûsî nizane./ Na, ew Rûsî nizane.
Osman Fransî dizane?
Belê, ew Fransî dizane. Ew Fransî nizane./ Na, ew Fransî nizane.
Nejat Çekî dizane?
Belê, ew Çekî dizane. Ew Çekî nizane./ Na, ew Çekî nizane.
Burhan Kurdî dizane?
Belê, ew Kurdî dizane. Ew Kurdî nizane./ Na, ew Kurdî nizane.
Serhat Tirkî dizane?
Belê, ew Tirkî dizane. Ew Tirkî nizane./ Na, ew Tirkî nizane.

Page 69 (no. 2)

Umberto (Îtalî) – James (Îngilîzî) – Bernadette (Fransî) – Rîcardo (Spanî) –
Sven (Holandî) – Marek (Polonî) – Vladimir (Rûsî) – Vaclav (Çekî)

Joachim Almanî dizane, lê Umberto Almanî nizane.
Umberto Îtalî dizane, lê James Îtalî nizane.
James Îngilîzî dizane, lê Bernadette Îngilîzî nizane.
Bernadette Fransî dizane, lê Rîcardo Fransî nizane.
Rîcardo Spanî dizane, lê Sven Spanî nizane.
Sven Holandî dizane, lê Marek Holandî nizane.
Marek Polonî dizane, lê Vladimir Polonî nizane.
Vladimir Rûsî dizane, lê Vaclav Rûsî nizane.
Vaclav Çekî dizane, lê Joachim Çekî nizane.

Page 72 (no. 1)

Merivek dizewice.	A man is getting married.
Zarokek dilîze.	A child is playing.
Rêwîyek diçe tetîlê.	A traveller is going on holidays.
Nexweşek telefon dike.	A sick person is telephoning.
Bavek dixebite.	A father is working.
Xwesîyek telefon dike	A mother-in-law is telephoning.

Page 72 (no. 2)

Lawek dizewice.	Hin law dizewicin.
Zarokek dilîze.	Hin zarok dilîzin.
Rêwîyek sohbet dike.	Hin rêwî sohbet dikin.
Nexweşek telefon dike.	Hin nexweş telefon dikin.
Bavek dixebite.	Hin bav dixebitin.
Xwesîyek telefon dike	Hin xwesî telefon dikin.

Page 72 (no. 2)

sê sed û bîst	320	heyşt sed û pênc	805
hezar û sed û çar	1104	deh hezar û pêncî	10050
neh hezar	9000	çar sed û şeş	406
sed û nod	190	neh sed û nod û neh	999
sed û heftê û çar	174	pênc sed û şêst û heyşt	568

Page 81 (no. 1)

subject (**bold italic**), object: *italic*, verb: **bold**

Nejat li Almanyayê dimîne. Ew yanzsdeh salî ye. Nejat diçe mektebê. Ew rojekê
kitêbekê dikirre, alfabeya Kurmancî hîn dibe û dû re vê nameyê dişîne:
Apê min,

niha êvar **e**. Seet deh û nîv **e** û bavo hê jî li kar **e**. *Ew* nîvroyê **diçe** *kar* û êvarê der-
eng li mal **e**. *Em* gelek **aciz dibin**. *Hewa* gelek zû **tarî dibe** û *em* nizanin *çi* **bikin**.
Televîzyon bi Almanî ye û *em tiştekî* **fêm nakin**. *Cînarên me* bi Kurdî **nizanin**. *Ew*
yan Tirk **in**, yan jî Alman **in**. *Tu* **dizanî**, *dayê* bi Tirkî **nizane** û Almanî jî *em* qe yek
nizanin. *Tirkîya min* baş **nine** û *zarokên vir* pir zû *Tirkî* **qise dikin**.
Di hefteyê de *du rojên me* xweş **derbas dibin**. Wan rojan *bavo* **naçe** ka **Em** yan
diçin *malan* yan jî *mêvan* **tên** *mala me*.
Apo,

ez li vir **diçim** *mektebê*. *Mekteba me* hinekî ji malê **dûr e**. *Ez* pîyatî **diçim** *mektebê*,
lê carna *bavo* min **dibe**. Gava *ez* **diçim** *mektebê*, *ez* hinekî **ditirsim**. Sibehan hê
hinekî tarî **ye**.
Di sinifê de gelek *zarok* bîyanî **ne**. *Her yek* ji cîyekî **tê**: Tirk, Alman, Kurmanc,
Îtalî… Di dersê de *ez* zêde *tiştekî* **fêm nakim** û **aciz dibim**.
Apo,

gundê me hê xweş **e**? *Hûn* êvaran *çi* **dikin**? *Hûn* hê **tov dibin** û *çîrokan* **dibêjin**?
Bi xatirê te apo, *ez* *destê te* **radimîsim**.

Page 81 (no. 2)

subject	object	verb
em nizanin	çi	bikin
em	tiştekî	fêm nakin
zarokên vir pir zû	Tirkî	qise dikin
ez zêde	tiştekî	fêm nakim
hûn êvaran	çi	dikin
hûn hê	çîrokan	dibêjin
ez	destê te	radimîsim

subject	verb	object
ew	diçe	kar
bavo	naçe	kar
em yan	diçin	malan

(yan jî) mêvan	tên	mala me
ez (li vir)	diçim	mektebê
ez (pîyatî)	diçim	mektebê
(gava) ez	diçim	mektebê

Page 81 (no. 3)

verb	components of the verb	person	present stem
dinivîse	di-nivîs-e	3rd pers. sing.	-nivîs-
dimîne	di-mîn-e	3rd pers. sing.	-mîn-
diçe	di-ç-e	3rd pers. sing.	-ç-
dikirre	di-kirr-e	3rd pers. sing.	-kirr-
hîn dibe	hîn di-b-e	3rd pers. sing.	hîn -b-
dişîne	di-şîn-e	3rd pers. sing.	-şîn-
dizanî	di-zan-î	3rd pers. sing.	-zan-
ditirsim	di-tirs-im	3rd pers. sing.	-tirs-

Page 82 (no. 4)

3rd pers. sing.	meaning	1st pers. sing.	1st pers. sing./ negative
dijî	lives	dijîm	najîm
ajne dike	swims	ajne dikim	ajne nakim
dizane	knows	dizanim	nizanim
diêşe	hurts	diêşim	naêşim
sohbet dike	talks with	sohbet dikim	sohbet nakim
telefon dike	telephones	telefon dikim	telefon nakim
dinivîse	writes	dinivîsim	nanivîsim
dimîne	lives	dimînim	namînim
diçe	goes	diçim	naçim
hîn dibe	learns	hîn dibim	hîn nabim
dişîne	sends	dişînim	naşînim
aciz dibe	is bored	aciz dibim	aciz nabim
fêm dike	understands	fêm dikim	fêm nakim
qise dike	speaks	qise dikim	qise nakim
ditirse	is afraid	ditirsim	natirsim

dibêje	says	dibêjim	nabêjim
tê	comes	têm	nayêm

Page 82 (no. 5)

mekteb (f), mal (f), gund (m), kar (m), daristan (f), nêçîr (f), mixaze (f), henne (f), dikan (f)

Page 83 (no. 6a)

Ez têm mektebê.
Tu têyî malê.
Ew tê gund.
Em tên kar.
Hûn tên daristanê.
Ew tên nêçîrê.

Page 83 (no. 6b)

Ez nayêm mixazeyê.
Tu nayêyî gund.
Ew nayê dawetê.
Em nayên henneyê.
Hûn nayên dikanê.
Ew nayên Almanyayê.

Page 83 (no. 7a and 7b)

Nejat li Almanyayê dimîne.	Nejat lives in Germany.
Li daristanan heywan hene.	There are animals in the forest.
Zarok li mektebê ne.	The children are in school.
Mêwe li dikanê hene.	There are fruits in the shop.
Dawet li gund e.	The wedding is in the village.
Di sinifê de bîst û çar telebe hene.	There are 24 students in the class.
Di kitêbê de pir resim hene.	There are many pictures in the book.
Di radyoyê de xeber heye.	There is news in the radio.
Ez ji malê diçim kar.	I go from home to work.
Tu ji mixazeyê diçî malê.	You go from the shop home.
Ew ji Almanyayê diçe gund.	He/She/It goes from Germany (back) to the village.
Em ji dawetê diçin gund.	We go from the wedding (back) village.

Page 84 (no. 8)

Ji min re erebeyekê bikirre.	Buy me a car.
Tu dikarî ji zarokan re mêwe bikirrî?	Can you buy fruits for the children?
Bi min re were dawetê.	Come with me to the wedding.
Meriv nikare bi wî re qise bike.	You cannot talk with him.
Li ser maseyê şekir heye.	There is sugar on the table.
Pere li ser maseyê ye.	The money lies on the table.
Memory li ber pencereyê ye.	The Concentration (game) is at the window
Radyo li ber televîzyonê ye.	The radio is next to the TV.

Page 84 (no. 9)

Seet sisê û nîv e.   Seet çar û nîv e.   Seet deh û nîv e.

Seet dudi û nîv e.   Seet neh û nîv e.   Seet heft û nîv e.

Seet heyşt û nîv e.   Seet yek û nîv e.   Seet pênc û nîv e.

Seet deh û nîv e.

Page 84 (no. 10)

Rizgo, Elî (10.30)

Rizgo: Elî, seet çi ye?
Elî: Seet deh û nîv e.

Silêman (1.30), Xêrîya (8.30), Mişîqe (4.30), Ronahî (12.30), Gulfîdan (6.30)

Rizgo: Silêman, seet çi ye?
Silêman: Seet yek û nîv e.

Rizgo: Xêrîya, seet çi ye?
Xêrîya: Seet heyşt û nîv e.

Rizgo: Mişîqe, seet çi ye?
Mişîqe: Seet çar û nîv e.

Rizgo: Ronahî, seet çi ye?
Ronahî: Seet donzdeh û nîv e.

Rizgo: Gulfîdan, seet çi ye?
Gulfîdan: Seet şeş û nîv e.

Page 89 (no. 1)

Noun phrase: attributive adjective	Indefinite suffix and ezafe suffix	meaning
dîyaloga kin	dîyalogeke kin	a short dialogue
hirça sipî	hirçeke sipî	a white bear
hespê reş	hespekî reş	a black horse
erebeya sor	erebeyeke sor	a red car
birazîyê jêhatî	birazîyekî jêhatî	a hardworking nephew
xortê bedew	xortekî bedew	a pretty boy
kûçikê kangal	kûçikekî kangal	a Kangal Dog
pisîka kûvî	pisîkeke kûvî	a wild cat
lawê kin	lawekî kin	a short boy
hêştira yekmilik	hêştireke yekmilik	an one-humped camel

Page 89 (no. 2)

B: Çend heywanên te hene, Nûdem?

N: Sê heywanên min hene: Hespekî (1) min û du kûçikên min hene.
    Çend heywanên te hene, Berfîn?

B: Sirf pisîkeke min heye.

M: Çend telebeyên te hene?

A: Bîst û pênc telebeyên min hene. Sirf sinifeke min heye.
    Çend telebeyên te hene?

M: Telebeyên min pir in. Sê sinifên min hene. Şêst û sê
    telebeyên min hene.

N: Çend zarokên te hene?

S: Du zarokên min hene. Du lawên min hene.

N: Xwedê bihêle.

Page 90 (no. 3a)

qelem (7), hesp (2), kûçik (4), pisîk (1), erebe (1), birazî (12), qîz (0), law (3),
telebe (12), kitêb (0), hêştir (0)
zarok (5)

Çend zarokên te hene?	Pênc zarokên min hene.
Çend qelemên wî hene?	Heft qelemên wî hene.
Çend hespên wan hene?	Du hespên wan hene.
Çend kûçikên wê hene?	Çar kûçikên wê hene.
Çend pisîkên te hene?	Pisîkeke min heye.
Çend erebeyên wan hene?	Erebeyeke wan heye.
Çend birazîyên wan hene?	Donzdeh birazîyên wan hene.
Çend qîzên te hene?	Qîzên min ninin.
Çend lawên wê hene?	Sê lawên wê hene.
Çend telebeyên te hene?	Donzdeh telebeyên min hene.
Çend kitêben wan hene?	Kitêbên wan tunene.
Çend hêştirên te hene?	Hêştirên min nînin.

Page 90 (no. 3b)

qelem (7) – Aram; hesp (2) – Cîwan; kûçik (4) – Gul; pisîk (1) – Nalan;
erebe (1) – Evîn; birazî (12) – Hêlîn; qîz (0) – Zozan;
law (3) – axa, telebe (12) – mamoste; kitêb (0) – Mişîqe, hêştir (0) – Zebîde

zarok (5) – Leyla
Çend zarokên Leylayê hene? Pênc zarokên Leylayê hene.

Çend qelemên Aram hene?	Heft qelemên Aram hene.
Çend hespên Cîwan hene?	Du hespên Cîwan hene.
Çend kûçikên Gulê hene?	Çar kûçikên Gulê hene.
Çend pisîkên Nalanê hene?	Pisîkeke Nalanê heye.
Çend erebeyên Evînê hene?	Erebeyeke Evînê heye.
Çend birazîyên Hêlînê hene?	Donzdeh birazîyên Hêlînê hene.
Çend qîzên Zozanê hene?	Qîzên Zozanên tunin.
Çend lawên axa hene?	Sê lawên axa hene.
Çend telebeyên mamoste hene?	Donzdeh telebeyên mamoste hene.
Çend kitêbên Mişîqeyê hene?	Kitêbên Mişîqeyê tunin.
Çend hêştirên Zebîdeyê hene?	Hêştirên Zebîdeyê tunin.

Page 90 (no. 4)

Murat has one child.	Zarokekî Murat heye.
Celadet has one daughter.	Qîzeke Celadet heye.
Kamuran has no children.	Zarokên Kamûran tunin.
Süreyya has three sons.	Sê lawên Sureyya hene.
Ali has one daughter and one son.	Qîzeke û lawekî Elî heye.

Page 91 (no. 5)

Çend zarokên Gogê hene?   Sirf lawekî Gogê heye.

Çend zarokên jintîya Gogê hene?   Du zarokên wê hene. Qîzeke û lawekî
                                          wê heye.

Çend zarokên xwîşka Gogê hene?   Zarokên wê hê tune ne.

Page 100 (no. 1)

1st pers. sing.	meaning	imperative / singular	imperative / plural
ajne dikim	I swim	ajne bike	ajne bikin
sohbet dikim	I talk	sohbet bike	sohbet bikin
telefon dikim	I telephone	telefon bike	telefon bikin
dinivîsim	I write	binivîse	binivîsin
dimînim	I stay	bimîne	bimînin
diçim	I go	biçe	biçin
hîn dibim	I learn	hîn bibe	hîn bibin
dişînim	I send	bişîne	bişînin
aciz dibim	I am bored	aciz bibe	aciz bibin
fêm dikim	I understand	fêm bike	fêm bikin
qise dikim	I speak	qise bike	qise bikin
ditirsim	I am afraid	bitirse	bitirsin
dibêjim	I say	bibêje	bibêjin

Page 100 (no. 2)

imperative / singular	imperative / singular - negative
ajne bike	ajne neke
sohbet bike	sohbet neke
telefon bike	telefon neke
binivîse	nenivîse
bimîne	nemîne
biçe	neçe
hîn bibe	hîn nebe
bişîne	neşîne

aciz bibe	aciz nebe
fêm bike	fêm neke
qise bike	qise neke
bitirse	netirse
bibêje	nebêje

Page 101 (no. 3a and b)

Ez bi qîza xwe re dilîzim.	I play with my daughter.
Ez bi qîza wî re dilîzim.	I play with his daughter.
Ez bi qîza wê re dilîzim.	I play with her daughter.
Ez bi lawê xwe re diçim gund.	I go (together) with my son to the village
Ez bi lawê wî re diçim gund.	I go (together) with his son to the village.
Ez bi lawê wê re diçim gund.	I go (together) with her son to the village
Tu ji bavê xwe re seetekê bikirre.	Buy your father a watch.
Tu ji bavê wî re seetekê bikirre.	Buy his father a watch.
Tu ji bavê wê re seetekê bikirre.	Buy her father a watch.
Cînara min hespê xwe dajo.	My neighbour rides with her (own) horse.
Cînara min hespê wî dajo.	My neighbour rides with his horse.
Cînara min hespê wê dajo.	My neighbour rides with her horse.
Bûka min diçe mala bavê xwe.	My daughter-in-law visits her parents (her parents' apartment).
Cînarê min li ber pencereya xwe rûdinê.	My neighbour sits at his window.

Page 102 (no. 4)

«Euro words»	
	meaning
televîzyon *(f)*	TV
vîdyo *(f)*	video
avûqat *(f/m)*	lawyer
park *(f)*	park
sosyal	social

ansîklopedî *(f)*	encyclopedia
stêr (f)	star
karton *(f)*	carton
polês *(f/m)*	police man, police woman
profesor *(f/m)*	professor
pedagog *(f/m)*	pedagogue, educator
ûnîversîte *(f)*	university
bebek *(f)*	baby
mase *(f)*	table
lêv *(f)*	lip
tu	you
na	no

Page 107 (no. 1a)

Ûsib: <u>Dayê, tu dikarî ji min re vê lîstikê bikirrî?</u>

Dê: Kîjan lîstikê? Navê wê çi ye?

Ûsib: Ev lîstika hanê. Navê wê memory ye. Memoryîya heywananan

Dê: Kurê min, memory çi ye? Ev sirf resimên heywanan in.

Ûsib: Na, dayê ev lîstik e. Meriv hemû kartan devarû datîne. Dû re lîstikvanek du kartan vedike. Ew li resimên mîna hev digere. Kartên kê zêde bin, ew qezenc dike.

Dê: Oh, ev lîstîkeke xweş e. <u>Lê ez nikarim qezenc bikim. Sirf tu dikarî lîstikeke ewha qezenc bikî.</u> <u>Na, ez nkarim vê lîstikê bikirrim.</u>

Ûsib: Oh dayê, tu jî herroj dibêjî, ez nikarim bikirrim. Dayê, ez <u>dixwazim bikirrim.</u>

Dê: Temam, temam kuro. Ez henekan dikim! <u>Ez jî dixwazim wê bikirrim.</u> <u>Em him dikarin bilîzin, him jî dikarin navên heywanan hîn bibin.</u>

Ûsib: Yuhu!

Page 107 (no. 1b)

- Dayê, tu dikarî ji min re vê lîstikê bikirrî?
  Mum, can you buy me this game?
- Lê ez nikarim qezenc bikim.
  But I cannot win (it).
- Sirf tu dikarî lîstikeke ewha qezenc bikî.
  Only you can win such a game.
- Na, ez nikarim vê lîstikê bikirrim.
  No, I cannot buy this game.
- Oh dayê, tu jî herroj dibêjî, ez nikarim bikirrim.
  Oh mum, you say everyday, I cannot buy it.
- Dayê, ez dixwazim bikirrim.
  Mum, I want to buy it.
- Ez jî dixwazim wê bikirrim.
  I also want to buy it.
- Em him dikarin bilîzin, him jî dikarin navên heywanan hîn bibin.
  We can play as well as learn the animal names.

Page 107 (no. 2)

- Tu dikarî lîstikeke ewha qezenc bikî.
  Tu nikarî lîstikeke ewha qezenc bikî.
- Ez nikarim vê lîstikê bikirrim.
  Ez dikarim vê lîstikê bikirrim.
- Ez nikarim bikirrim.
  Ez dikarim bikirrim.
- Ez dixwazim bikirrim.
  Ez naxwazim bikirrim.
- Ez jî dixwazim wê bikirrim.
  Ez jî naxwazim wê bikirrim.
- Em him dikarin bilîzin, him jî dikarin navê heywanan hînbibin.
  Em him nikarin bilîzin, him jî nikarin navê heywanan hînbibin.
- Ez nikarim qezenc bikim.
  Ez dikarim qezenc bikim.

Page 107 (no. 3)

- Ûsib dixwaze kîjan lîstikê bikirre?
  Ûsib dixwaze memory bikirre.
- Navê lîstîkê çi ye?
  Navê lîstîkê memoryîya heywanan e.

- Ûsib dixwaze kîjan memoryîyê bikirre?

Ûsib dixwaze memoryîya heywanan bikirre.

- Meriv lîstikê çawa dilîze?

Meriv hemû kartan devarû datîne. Dû re lîstikvanek du kartan vedike.

Ew li resimên mîna hev digere. Kartên kê zêde bin, ew qezenc dike.

- Dîya Ûsib herroj çi dibêje?

Dîya Ûsib herroj dibêje: «Ez nikarim bikirrim.»

- Dîya Ûsib lîstikê dikirre?

Belê, ew lîstîke dikirre.

- Ev lîstikeke xweş e?

Erê, ev lîstîkeke xweş e.

Page 108 (no. 4)

Ûsib erebeyekê dikirre.	*Kendal jî dixwaze erebeyekê bikirre.*
Ûsib ajne dike.	Kendal jî dixwaze ajne bike.
Ûsib dinivîse.	Kendal jî dixwaze binivîse.
Ûsib dilîze.	Kendal jî dixwaze bilîze.
Ûsib telefon dike.	Kendal jî dixwaze telefon bike.
Ûsib diçe gund.	Kendal jî dixwaze biçe gund.
Ûsib aciz dibe.	Kendal jî dixwaze aciz bibe.
Ûsib ditirse.	Kendal jî dixwaze bitirse.
Ûsib qise dike.	Kendal jî dixwaze qise bike.

Page 108 (no. 5)

(ajne dike) Ûsib dikare ajne bike.	Kendal nikare ajne bike.
(dilîze) Ûsib ...	Kendal nikare bilîze.
(telefon dike) Ûsib ...	Kendal nikare telefon bike.
(diçe mektebê) Ûsib ...	Kendal nikare biçe mektebê.
(Almanî fêm dike) Ûsib ...	Kendal nikare Almanî fêm bike.
(dinivîse) Ûsib...	Kendal nikare binivîse

Page 109 (no. 6)

- Nejat wants to live in Germany..
  Nejat dixwaze li Almanyayê bimîne.
- The child wants to go to school.
  Zarok dixwaze biçe mektebê.
- He wants to come from the village.
  Ew dixwaze ji gund were.
- She can't go to work.
  Ew nikare biçe kar.
- We don't want to go hunting.
  Em naxwazin biçin nêçîrê.
- You can learn ten vocabularies each day.
  Tu dikarî herroj deh kelîmeyan hîn bibî.
- You (plural) can write the letter here.
  Hûn dikarin nameyê li vir binivîsin.

Page 111 (no. 7)

Ûsib erebeyekê dikirre.	*Ûsib dixwaze (ku) Kendal jî erebeyekê bikirre.*
Ûsib ajne dike.	Ûsib dixwaze (ku) Kendal jî ajne bike.
Ûsib dinivîse.	Ûsib dixwaze (ku) Kendal jî binivîse.
Ûsib dilîze.	Ûsib dixwaze (ku) Kendal jî bilîze.
Ûsib telefon dike.	Ûsib dixwaze (ku) Kendal jî telefon bike.
Ûsib diçe gund.	Ûsib dixwaze (ku) Kendal jî biçe gund.
Ûsib qise dike.	Ûsib dixwaze (ku) Kendal jî qise bike.

Page 111 (no. 8)

Ûsib erebeyekê dikirre.	*Ûsib naxwaze (ku) Kendal jî erebeyekê bikirre.*
Ûsib ajne dike.	Ûsib naxwaze (ku) Kendal jî ajne bike.
Ûsib dinivîse.	Ûsib naxwaze (ku) Kendal jî binivîse.
Ûsib dilîze.	Ûsib naxwaze (ku) Kendal jî bilîze.
Ûsib telefon dike.	Ûsib naxwaze (ku) Kendal jî telefon bike.
Ûsib diçe gund.	Ûsib naxwaze (ku) Kendal jî biçe gund.
Ûsib aciz dibe.	Ûsib naxwaze (ku) Kendal jî aciz bibe.
Ûsib ditirse.	Ûsib naxwaze (ku) Kendal jî bitirse.
Ûsib qise dike.	Ûsib naxwaze (ku) Kendal jî qise bike.

Page 112 (no. 9)

- Nejat wants his son to live in Germany.
  Nejat dixwaze lawê wî li Almanyayê bimîne.
- The mother wants her child to go to school.
  Dê dixwaze ku zaroka wê biçe mektebê.
- The teacher wants the student to go outside.
  Mamoste dixwaze ku telebe biçe derva.
- Ali doesn't want his son to telephone much.
  Elî naxwaze ku lawê wî pirr telefon bike.
- We don't want our children to be playing now.
  Em naxwazin ku zarok niha bilîzin.
- Do you want him to learn Kurdish?
  Tu dixwazî ku ew Kurdî hîn bibe.
- They want their children to learn many languages.
  Ew dixwazin ku zarokên wan gelek zimanan hîn bibin.

Page 120 (no. 1a)

Apê min ê delal,

xebereke min a xweş ji te re heye: <u>Em ê mehekê şûnda werin tetîlê.</u> Tu niha texmîn dikî, em çiqas şa dibin. Ev salek e em herroj bi xeyala gundê xwe dijîn. Ez, dayê û yên din, em hertim qala gund, kalo û pîrê, heval û cînaran dikin. Bîrîkirin çiqas zehmet e. Hela texmîn bike, ka ez bîrîya çi dikim? <u>Ez bawer im ku tiştekî ewha ê neyê bîra te:</u> Ez bîrîya kûçikê me «Qafreş» jî dikim, apo. <u>Ez ê havînê herroj bi wî re bilîzim.</u> Ez dizanim, <u>hûn ê hêrs bibin. Hûn ê bibêjin, kuro, destê xwe nede kûçik.</u> Ew herimî ye. <u>Lê ez ê dîsa jî destê xwe di serê wî re derbas bikim û ez ê wî bi xwe re bigerînim.</u>

<u>Ez ê herroj di golê de sobarîya bikim. Ez ê biçim ser mêrgê û ber berxan.</u>

Apo,

Almanî pir zehmet e. Ez hêdî, hêdî hîn dibim. Ez nikarim zêde xwe bidim dersê, çimkî ez hê jî dixwazim şûnda werim wi Ez nikarim hînî vir bibim.

De niha bi xatirê te, ez destê te radimîsim. Ji bîr neke, <u>em ê mehekê şûnda werin wir.</u>

Page 120 (no. 1b)

- Em ê mehekê şûnda werin tetîlê.
  We will go on holidays in one month.
- Ez bawer im ku tiştekî ewha ê neyê bîra te.

I believe, you won't think of such things anymore.
- Ez ê havînê herroj bi wî re bilîzim.
  In the summer I will play with him every day.
- Ez dizanim, hûn ê hêrs bibin.
  I know, that you will get upset.
- Hûn ê bibêjin, kuro, destê xwe nede kûçik.
  You will say, dear child, don't touch the dog.
- Lê ez ê dîsa jî destê xwe di serê wî re derbas bikim û ez ê wî bi xwe re
  bigerînim.
  But I will pet it and take it for a walk anyway.
- Ez ê herroj di golê de sobarîya bikim.
  I will swim every day in the lake.
- Ez ê biçim ser mêrgê û ber berxan.
  I will go on the meadow and graze sheep.
- Ji bîr neke, em ê mehekê şûnda werin wir.
  Don't forget, we will come there a month later.

Page 120 (no. 2a and b)

- *Ez bawer im ku <u>tiştekî</u> ewha ê <u>neyê</u> bîra te.*
  Ez bawer im ku <u>tiştên</u> ewha ê <u>neyên</u> bîra te.
- Ez ê havînê herroj bi wî re <u>bilîzim</u>.
  Em ê havînê herroj bi wî re bilîzin.
- Ez dizanim, hûn ê hêrs <u>bibin</u>.
- Em dizanin, hûn ê hêrs bibin.
- Lê ez ê dîsa jî destê xwe di serê wî re derbas <u>bikim</u>.
  Lê em ê dîsa jî destê xwe di serê wî re derbas bikin.
- Ez ê wî bi xwe re <u>bigerînim</u>.
  Em ê wî bi xwe re bigerînin.
- Ez ê herroj di golê de sobarîya <u>bikim</u>.
  Em ê herroj di golê de sobarîya bikin.
- Ez ê <u>biçim</u> ser mêrgê û ber berxan.
  Em ê biçin ser mêrgê û ber berxan.
- Ez ê mehekê şûnda <u>werim</u> wir.
  Em ê mehekê şûnda werin wir.

Page 120 (no. 3)

- ***Ez*** *ê havînê herroj bi wî re **bilîzim**.*
  Tu *ê havînê herroj bî wî re **nelîzî**.*

- Ez ê hêrs bibim.

  Tu ê hêrs nebî.
- Lê ez ê dîsa jî destê xwe di serê wî re derbas bikim.

  Lê tu ê dîsa jî destê xwe di serê wî re derbas nekî.
- Ez ê wî bi xwe re bigerînim.

  Tu ê wî bi xwe re negerînî.
- Ez ê herroj di golê de sobarîya bikim.

  Tu ê herroj di golê de sobarîya nekî.
- Ez ê biçim ser mêrgê û ber berxan.

  Tu ê neçî ser mêrgê û ber berxan.
- Ez ê mehekê şûnda werim wir.

  Tu ê mehekê şûnda neyê wir.

Page 121 (no. 4a and b)

- sohbeta Mûsa a germ

  Musa's jovial conversation
- doxtora pîr a jêhatî

  the hard-working elderly doctor
- xwarinên xweş ên Dîyarbekirê

  the beautiful meals of Dîyarbekir (Turkish: Diyarbakir)
- xwenga wî ya mezin

  his older sister
- telebeyên we ên kerr

  your deaf students
- hespê me ê ereb

  our Arabic horse
- kitêba te a sor

  your red book
- bîsîkletên zarokan ên nû

  the children's new bicycles

Page 121 (no. 5)

- I believe that he is a nice person.

  Ez bawer im ku ew merivekî baş e.
- I believe that Ali is a hardworking doctor

  Ez bawer im ku Elî doxtorekî jêhatî ye.

- I believe that Hêlîn is a beautiful girl.

  Ez bawer im ku Hêlîn qîzeke bedew e.

- I believe that Renault is a good car.

  Ez bawer im ku Renault erebeyeke baş e.

- I believe that English is a simple language.

  Ez bawer im ku Îngilîzî zimanekî hêsan e.

Page 122 (no. 6)

- Nejat çaxtê(when) diçe tetîlê?

  Nejat mehekê şûnda diçe tatîlê.

- Ev salek e Nejat bi xeyala çi dijî?

  Ev salek e ew bi xeyala gundê xwe dijî.

- Nejat û dîya xwe hertim qala çi dikin?

  Ew û dîyê xwe hertim qala gund, kalo û pirê, heval û cînaran dikin.

- Nejat bîrîya çi dike?

  Ew bîrîya kûçikê xwe «Qafreş» jî dike.

- Navê kûçikê wan çî ye?

  Navê kûçikê wan «Qafreş» e.

- Nejat dixwaze havînê bi çi re bilîze?

  Ew dixwaze havînê bi kûçikê xwe re bilîze.

- Nejat dixwaze çi bi xwe re bigerîne?

  Nejat dixwaze kûçikê xwe bi xwe re bigerîne.

- Nejat çima(why) nikare xwe zêde bide dersê?

  Ew nikare zêde xwe bide dersê, çimkî ew hê jî dixwaze şûnda were wir.

Page 124 (no. 1)

- Zarok li malê ne.

  The children are at home.

- Li mektebê xwendevan hene.

  There are students in the school.

- Di kitêbê de resim hene.

  There are pictures in the book.

- Di alfabeya Kurdî de sî û yek herf hene.

  There are 31 letters in the Kurdish alphabet.

- Di radyoyê de xeber hene.

  There is news in the radio.

- Ji dikanê sêvan bikirre.

  Buy apples from the store.

- Ji mektebê zû were.

  Come back quickly from school.

- Tu dikarî seetek li dawetê bimînî.

  You can stay another hour at the wedding.

- Di deqîqeyekê de were vir.

  Come here in one minute.

Page 124 (no. 2)

Di kitêbe de deh çîrok hene.

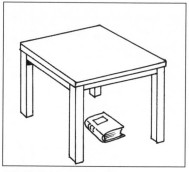

Kitêb li bin maseyê ye.

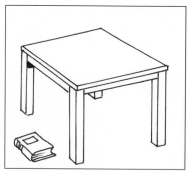

Kitêb li ber maseyê ye.

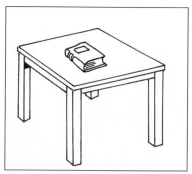

Kitêb li ser maseyê ye.

Zarok di erebeyê de ye.

Zarok li ber erebeyê ye.

Zarok li ser erebeyê ye.

Qumande li ser televîzyonê ye.

Qumande li pêş televîzyonê ye.

Qumande li paş televîzyonê ye.

Radyo li ber pencereyê ye.

Name li ser defterê ye.

Name li bin defterê ye.

Li mixazeyê bîsîklet û lastîk
hene.

Page 133 (no. 1a and b)

GALAYA FÎLMA MEM Û ZÎNÊ

Hefteya Ehmedê Xanî tê lidarxistin (3ʳᵈ pers. sing.)

Bi munasebeta derketina kovara me, Nûbihara Biçûkan, hefteya Ehmedê Xanî tê organize kirin (3ʳᵈ pers. sing.).

Galaya fîlma zarokan *Mem û Zîn* roja duşemê, 21ê Adarê, tê lidarxistin (3ʳᵈ pers. sing.).

Ev cara ewil e ku *Mem û Zîn* ji bo zarokan tê çêkirin (3ʳᵈ pers. sing.).

Li salona şaredarîyê jî roja çarşemê ş'îrên wî tên xwendin (3rd pers. plur.) û li ser heyata wî tê sekinîn (3ʳᵈ pers. sing.).

Ehmedê Xanî roja înê li Bazîdê li ser gora wî tê bibîranin (3ʳᵈ pers. sing.).

Roja zimanê dayîkê wek festîvala zimanan tê pîrozkirin (3ʳᵈ pers. sing.).

Li ser zimanê dayîkê wê konferans werin lidarxistin (3ʳᵈ pers. plur.), semîner werin dayin (3ʳᵈ pers. plur.), govend werin girtin (3ʳᵈ pers. plur.) û stran werin gotin (3ʳᵈ pers. plur.).

Di kovara W de dosyayek li ser Ereb Şemo tê hazir kirin (3ʳᵈ pers. sing.).

Piştî Dîwana Melayê Cizîrî wê ferhenga Dîwana wî jî were weşandin (3ʳᵈ pers. sing.).

Page 133 (no. 2a and b)

- Hefteya Ehmedê Xanî tê organize kirin.
  The Ehmedê Xani-week is being organised.
- Galaya fîlma zarokan Mem û Zîn tê lidarxistin.
  The premiere of the children′s film Mem û Zîn is being organised.
- Ev cara ewil e ku Mem û Zîn ji bo zarokan tê çêkirin.
  It is the first time that Mem û Zin is made for children.
- Ş'îrên wî tên xwendin û li ser heyata wî tê sekinîn.
  His poems are read and his life is discussed.
- Ehmedê Xanî tê bibîranin.
  Ehmedê Xani is being remembered.
- Dosyayek li ser Ereb Şemo tê hazir kirin.
  A dossier about Ereb Şemo is being prepared.
- Roja zimanê dayîkê tê pîrozkirin.
  Mother Language Day is being celebrated.
- Li ser zimanê dayîkê wê konferans werin lidarxistin, semîner werin dayin, govend werin girtin û stran werin gotin.

In the native language conferences will be organized, seminars will given, there will bedancing and singing.
- Piştî Dîwana Melayê Cizîrî Ferhenga Edebîyata Kevn jî tê weşandin.
  After the publishing of the Divan of Melayê Cizîrî, a dictionary of older literature is also published.

Page 134 (no. 3)

- My child speaks well. His pronunciation is understood.
  Zaroka min xweş qise dike. Telafûza wê tê fêm kirin.
- The language is ungrateful. It is forgotten quickly.
  Ziman nankor e. Ew zû tê jibîr kirin.
- Today Goethe's poems are read in Mardin.
  Li Mêrdînê îroj helbestên Goethe tên xwendin.
- In Germany, two Kurdish magazines are published.
  Li Almanyayê du kovarên Kurdî tên weşandin.
- It is not allowed to swim here.
  Li vir ajne nayê kirin.
- It is not allowed to drive here by car.
  Li vir erebe nayên ajotin.
- New shops are opened in Berlin.
  Li Berlînê mixazeyên nû tên vekirin.
- Kurdish and German are taught in this school.
  Li mektebê Kurdî û Almanî tê elimandin.

Page 134 (no. 4)

Saturday (şemî) is considered to be the «first day» and based on this the numerals yek-, du-, sê, çar- and pênc- , are added to this word.
However, the special denotation în is used for Friday.

Page 142 (no. 1a and b)

- Lezgîn (subject) ket hundir (verb).
  Lezgin entered.
- Ew (subject) çûn (verb) malên xwe.
  They went home
- Hemû (subject) rabûn (verb) pîya.
  Everyone stood up.

Page 142 (no. 1c)

Ez	ketim	hundir.
Tu	ketî	hundir.
Ew/Lezgîn	ket	hundir.
Em	ketin	hundir.
Hûn	ketin	hundir.
Ew	ketin	hundir.

Ez	çûm	mala xwe.
Tu	çûyî	mala xwe.
Ew	çû	mala xwe.
Em	çûn	malên xwe.
Hûn	çûn	malên xwe.
Ew	çûn	malên xwe.

Ez	rabûm	pîya.
Tu	rabûyî	pîya.
Ew	rabû	pîya.
Em	rabûn	pîya.
Hûn	rabûn	pîya.
Ew/Hemû	rabûn	pîya.

Page 142 (no. 1d)

Ez	neketim	hundir.
Tu	neketî	hundir.
Ew/Lezgîn	neket	hundir.
Em	neketin	hundir.
Hûn	neketin	hundir.
Ew	neketin	hundir.

Ez	neçûm	mala xwe.
Tu	neçûyî	mala xwe.
Ew	neçû	mala xwe.
Em	neçûn	malên xwe.
Hûn	neçûn	malên xwe.
Ew	neçûn	malên xwe.

Ez	ranebûm	pîya.
Tu	ranebûyî	pîya.
Ew	ranebû	pîya.
Em	ranebûn	pîya.
Hûn	ranebûn	pîya.
Ew/Hemû	ranebûn	pîya.

Page 143 (no. 2a-c)

infinitive	perfect stem	ending with vowel/ consonant
man	ma	vowel
gerîyan	gerîya	vowel
rûniştin	rûnişt	consonant
derketin	derket	consonant
tirsîyan	tirsîya	vowel
hatin	hat	consonant
bûn	bû	vowel
şa bûn	şa bû	vowel
derbas bûn	derbas bû	vowel
aciz bûn	aciz bû	vowel
derbas bûn	derbas bû	vowel
hîn bûn	hîn bû	vowel

With two-part verbs, that contain *bûn*, only *bûn* is conjugated.

Page 144 (no. 3)

1st person singular	2nd pers. sing. – negative	1st person plural
Ez mam.	Tu nemayî.	Em man.
Ez gerîyam.	Tu negerîyayî.	Em gerîyan.
Ez rûniştim.	Tu rûneniştî.	Em rûniştin.
Ez derketim.	Tu derneketî.	Em derketin.
Ez tirsîyam.	Tu netirsîyayî.	Em tirsîyan
Ez hatim.	Tu nehatî.	Em hatin.
Ez bûm.	Tu nebûyî.	Em bûn.
Ez şa bûm.	Tu şa nebûyî.	Em şa bûn.
Ez derbas bûm.	Tu derbas nebûyî.	Em derbas bûn.
Ez aciz bûm.	Tu aciz nebûyî.	Em aciz bûn.
Ez derbas bûm	Tu derbas nebûyî.	Em derbas bûn.
Ez hîn bûm.	Tu hîn nebûyî.	Em hîn bûn.

Page 144 (no. 4)

- Azad salekê li Vîyanayê ma. Ew li wir Almanî hîn bû. Azad li Ewrûpayê jî gelek gerîya.

Azad stayed one year in Vienna. He studied German there. He also travelled a lot in Europe.

- Ez Ehmed im. Ez li Dîyarbekirê hinekî rûniştim. Rojên min li wir gelek xweş derbas bûn. Ez gelek gerîyam jî. Li Dîyarbekirê cîyên tarîxî zêde ne.

I am Ehmed (Ahmed). I lived in Diyarbakir for some time/for a while. My days were very well spent there. There are many historical sights in Diyarbakir.

- Tu xwendevan î. Tu hetanî niha Kurdî hîn bûyî û gelek şa bûyî. Lê carna jî tu aciz bûyî, çûnkî hînbûna ziman hinekî zehmet e.

You are a student. You have studied Kurdish until now and were really glad. But sometimes you were also annoyed, because learning a language is a bit tiring.

Page 147 (no. 5)

(subject in bold, verb underlined)

- **Ûsib** antênek <u>danî</u> ber belîfa xwe.
- **Xezalê** ji wê <u>pirsî</u> ...
- **Wê** <u>got</u> ...
- **Jinekê** mêrê xwe ji xew <u>şîyar kir</u> û <u>got</u> ...
- **Newzo** ji wê re <u>got</u> ...
- **Zarokan** karneyên xwe <u>girtin</u>.
- **Dîya wê** ji wê <u>pirsî</u> ...
- **Lezgînê** <u>cewab da</u> ...
- **Newzo** ji hevalên xwe re <u>got</u> ...
- Yek ne tê de **hemû** <u>rabûn pîya</u>.
- **Wan** ji wî <u>pirsîn</u> ...

Page 147 (no. 6)

- <u>Ûsib</u> antênek danî ber belîfa xwe.
- <u>Lezgînê</u> ji wê pirsî ...
- <u>Wê</u> got ...**(b)**
- <u>Jinekê</u> mêrê xwe ji xew şîyar kir û got ...

- **Newzo** ji wê re got ... *(c - male names do not obtain an oblique suffix)*
- **Zarokan** karneyên xwe girtin.
- **Lezgînê** cewab da ...
- **Newzo** ji hevalên xwe re got ... *(c - male names do not obtain an oblique suffix)*
- **Wan** ji wî pirsîn ... **(b)**

Page 148 (no. 7)

pirsîn (perfect stem: pirsî)	
min pirsî	me pirsî
te pirsî	we pirsî
wî / wê pirsî	wan pirsî

şîyar kirin (şîyar kir)	
min şîyar kir	me şîyar kir
te şîyar kir	we şîyar kir
wî / wê şîyar kir	wan şîyar kir

girtin (girt)	
min girt	me girt
te girt	we girt
wî / wê girt	wan girt

cewab dan (cewab da)	
min cewab da	me cewab da
te cewab da	we cewab da
wî / wê cewab da	wan cewab da

gotin (got)	
min got	me got
te got	we got
wî / wê got	wan got

Page 149 (no. 8)

infinitive	perfect stem	meaning
birin	Min bir.	I brought ...
dan	Min da.	I gave ...
danîn	Min danî.	I laid ...
dîtin	Min dît.	I saw ...
girtin	Min girt.	I apprehended ...
gotin	Min got.	I said ...
ji ... pirsîn	Min ji ... pirsî	I asked ...
kirin	Min kir.	I made ...
kirrîn	Min kirrî.	I bought ...
li ... xistin	Min li ... xist.	I hit ....
lîstin	Min lîst.	I played ...
nivîsîn	Min nivîsî.	I wrote ...
şandin	Min şand.	I sent ...
weşandin	Min weşand.	I published ...
xwendin	Min xwend.	I read ...
xwestin	Min xwest.	I wanted ...

Page 149 (no. 9)

infinitive	perfect stem
ajne kirin	ajne kir
bawer kirin	bawer kir
bibîranîn	bibîranî
bîrî kirin	bîrî kir
çêkirin	çêkir
cewab dan	cewab da
destê xwe dan ...	destê xwe da
destpêkirin	destpêkir
fêm kirin	fêm kir
govend girtin	govend girt
ji bîr kirin	ji bîr kir
ji xew şîyar kirin	ji xew şîyar kir

lidarxistin	lidarxist
mêze kirin	mêze kir
organize kirin	organize kir
pîroz kirin	pîroz kir
qal kirin	qal kir
qezenc kirin	qezenc kir
qise kirin	qise kir
ray dan	ray da
serê xwe şûştin	serê xwe şûşt
sobarî kirin	sobarî kir
sohbet kirin	sohbet kir
spas kirin	spas kir
spor kirin	spor kir
stran gotin	stran got
telefon kirin	telefon kir
teşekkur kirin	teşekkur kir
texmîn kirin	texmîn kir
vekirin	vekir
xatir xwestin	xatir xwest
xûdan	xûda
xwe dan …	xwe da

Page 151 (no. 10)

Min du kitêb dan wî.	I gave him two books.
Wî çîrok gotin.	He told fairy tails.
Te qelem kirrîn.	You bought pens.
Min mektûb şandin.	I sent letters.
Wê hemû kitêb xwendin.	She read all the books.
Wî pere qezenc kirin.	He earned money.
Wê semîner çêkirin.	She organised seminars.
Min xanî kirrîn.	I bought apartments/houses.
Zozanê cewab nivîsîn.	Zozan wrote the answers.

Page 151 (no. 11)

- Di dema razanê de Ûsib çi daye ber belîfa xwe?
  Di dema razanê de Ûsib antênek danî ber belîfa xwe.
- Lezgînê ji Ûsib çi pirsîye?
  Lezgînê pirsîye: «Ev antên ji bo çi ye?»
- Ûsib çi gotîye?
  Ûsib gotîye: «Ji bo ez xewnên zelal bibînim.»
- Sibehekê jinekê mêrê xwe ji xew şiyar kirîye û gotîyê çi?
  Wê gotîye: «Rabe, rabe mêro. Mişkek di mitbaxê de heye.»
- Newzo ji jina xwe re bi hêrs çi gotîye?
  Newzo gotîye: «Vêca ma ez pisîk im?»
- Lezgînê çi cewab daye dîya xwe?
  Lezgînê gotîye: «Min bi emanetî da hevalekî xwe. Ew ê bi karneya min bavê xwe bitirsîne.»

Page 156 (no. 1)

- Êdî li derva me tim bi Tirkî xeber dida.
  Meanwhile we spoke always Turkish outside.
- Wexta mezinên me yên ku Tirkî nizanîbûn, dihatin, me bi wan re bi Kurdî xeber dida.
  When «our adults» came, who did not speak Turkish, we spoke Kurdish with them.
- Wê ew sirf fêm dikir.
  She only understood it (Turkish).
- Wexta xeberdanê diket tengasîyê.
  She had difficulties when speaking.
- Loma me bi hev re her dem bi Kurdî xeber dida...
  Therefore we always spoke Kurdish together.
- Li van deran Kurdî pir dihate xeberdan... (passive)
  In this regions Kurdish was spoken a lot.
- Wê çaxê jî, berê jî, te didît ku hinek zimanê dîya min nas nakin, înkar dikin...
  Back then, but also before that time, you saw some, who did not acknowledge my mother tongue; they denied it.
- Hinekan li nava çavên min dinihêrîn û digotin: «Zimanê Kurdî tuneye.»
  Some looked in my eyes and said: «The Kurdish language does not exist.»
- Ew gotin di cîyekî de dihate vê menayê: «Tu jî tuneyî...»
  This word had somehow this meaning: «You also do not exist...».

Page 157 (no. 2)

pirsîn (pirsî)	
ez dipirsim	em dipirsin
min dipirsî	me dipirsî
tu dipirsî	hûn dipirsin
te dipirsî	we dipirsî
ew dipirse	ew dipirsin
wî / wê dipirsî	wan dipirsî

danîn (danî)	
ez datînim	em datînin
min danî	me danî
tu datînî	hûn datînin
te danî	we danî
ew datîne	ew datînin
wî / wê danî	wan danî

şîyar kirin (şîyar kir)	
ez şiyar dikim	em şiyar dikin
min şiyar dikir	me şiyar dikir
tu şiyar dikî	hûn şiyar dikin
te şiyar dikir	we şiyar dikir
ew şiyar dike	ew şiyar dikin
wî / wê şiyar dikir	wan şiyar dikir

gotin (got)	
ez dibêjim	em dibêjin
min got	me got
tu dibêjî	hûn dibêjin
te got	we got
ew dibêje	ew dibêjin
wî / wê got	wan got

girtin (girt)	
ez digrim	em digrin
min girt	me girt
tu digrî	hûn digrin
te girt	we girt
ew digre	ew digrin
wî / wê girt	wan girt

cewab dan (cewab da)	
ez cewab didim	em cewab didin
min cewab da	me cewab da
tu cewab didî	hûn cewab didin
te cewab da	we cewab da
ew cewab dide	ew cewab didin
wî / wê cewab da	wan cewab da

Page 158 (no. 3)

a)
- <u>Min</u> heya heft salî bi zimanê dîya xwe xeber da.
- Êdî li derva <u>me</u> tim bi Tirkî xeber dida.
- <u>Me</u> bi wan re Kurdî xeber dida.
- Lê tu çaxî <u>tama Kurdî</u> ji bîra min neçû.
- <u>Min</u> çavê xwe bi stranên Kurdî veki
- <u>Wê</u> Tirkî sirf fêm diki
- Loma <u>me</u> bi hev re her dem bi Kurdî xeber dida.
- <u>Te</u> didît ku <u>hinek</u> zimanê dîya min nas nakin, înkar dikin.
- <u>Hinekan</u> li nava çavên min dinihêrîn û digotin: «Zimanê Kurdî tune ye.»

b)
- Hinekan li nava çavên min <u>dinihêrîn</u> û <u>digotin</u>: «Zimanê Kurdî tune ye.»
These two verbs are congruent with the subject «hinekan» whose plural is in the oblique case.

Page 160 (no. 1)

Wexta ez çûme mektebê, hînî Tirkî bûm.
Sala 1960î bû. Em ji gundê Dêrîka Milazgirê çûne qeza Kopê.

Page 160 (no. 2)

- Ûsib di dema razanê de antênek danîbû (danîn) ber belîfa xwe. Lezgînê ji wê pirsîbû (pirsîn): «Ev antên ji bo çi ye?»
Ûsib gotibû (gotin): «Ji bo ez xewnên zelal bibînim.»

- Sibehekê jinekê mêrê xwe ji xew şîyar kiribû (şîyar kirin) û gotibû (gotin): «Rabe, rabe camêro. Mişkek di mitbaxê de heye.»
Newzo ji wê re bi hêrs gotibû (gotin): «Vêca ma ez pisîk im?»

- Dibistan tetîl bûbû (bûn). Zarokan karneyên xwe girtibûn (girtin). Dû re ew çûbûn (çûn) malên xwe. Lezgîn çawa ketibû (ketin) hundir, dîya wê ji wê pirsîbû (pirsîn): «Ka karneya te?»
Lezgînê cewab dabû (cewab dan): «Min bi emanetî da hevalekî xwe. Ew ê bi karneya min bavê xwe bitirsîne.»

- Newzo li qehweyê ji hevalên xwe re gotibû (gotin): «Yên ku ji jina xwe ditirsin bila rabin pîya!»

Yek ne tê de hemû rabûbûn (rabûn) pîya. Wan ji wî pirsîbûn (pirsîn): «Welê xuya ye ku tenê tu ji jina xwe natirsî?»

Ev meriv: «Na welleh, jinikê vê sibê li min xist ku ji êşa wê ez nikarim rabim ser xwe!»

Page 161 (no. 1)

 Seet ji yanzdehan heft (deqîqe) derbas dibe. (11.07)

 Seet ji dehan bîst (deqîqe) derbas dibe. (10.20)

 Seet ji yanzdehan re bîst (deqîqe) heye. (10.40)

 Seet ji heftan panzdeh (deqîqe) derbas dibe. (7.15)

 Seet ji heftan re bîst û pênc deqîqe heye. (6.35)

 Seet ji şeşan re panzdeh (deqîqe) heye. (5.45)

 Seet ji heyştan deh (deqîqe) derbas dibe. (8.10)

 Seet ji dudiyan re deh (deqîqe) heye. (2.50)

Seet ji sisêyan sê (deqîqe) derbas dibe. (3.03)

 Seet ji nehan panzdeh (deqîqe)/ çaryek derbas dibe. (9.15)

 Seet ji pêncan re hûvdeh deqîqe heye. (4.43)

Page 162 (no. 2)

R: Elî, seet çend e?
E: Seet ji dehan bîst (deqîqe) derbas dibe.

R: Silêman, seet çend e?
S: Seet ji yekê çar (deqîqe) derbas dibe.

R: Xêrîya, seet çend e?
X: Seet ji dehan sêzdeh (deqîqe) derbas dibe.

R: Mişîqe, seet çend e?
M: Seet ji pêncan re bîst (deqîqe) heye.

R: Ronahî, seet çend e?
R: Seet ji yekê re çardeh (deqîqe) heye.

R: Gulfîdan, seet çend e?
G: Seet ji yekê bîst û şeş (deqîqe) derbas dibe.

R: Aram, seet çend e?
A: Seet ji heyştan re heyşt (deqîqe) heye.

R: Rêzan, seet çend e?
R: Seet ji çaran re bîst û heft (deqîqe) heye.

FERHENGOKA KURDÎ – ÎNGILÎZÎ

GLOSSARY KURDISH – ENGLISH[1]

A
A

aciz bûn, ez aciz di-bi-m/aciz bû-m *(intr.)*	bored, to be b.
Newzad aciz dibe.	*Newzad is bored.*
adar *(f)*	March
agahî *(f)*	information
ajne kirin, ez ajne di-k-im, min ajne kir *(tr.)*	to swim
-ajo-	*s.* ajotin
ajotin, ez d-ajo-m, min ajot *(tr.)*	to drive
Ez jî îdî erebeyê dajom.	*And I drive a car by now.*
alfabe *(f)*	alphabet
Almanî *(f)*	German
Almanya *(f)*	Germany
alo	hello
ancax	only
ansîklopedî *(f)*	encyclopaedia
antên *(f)*	antenna
ap *(m)*	uncle
Apo!	vocative: Uncle!
avûqat *(f/m)*	lawyer
axa *(f/m)*	Agha, great land owner

---

1 LEGEND
- – the grammatical gender is indicated in brackets and in italics behind the noun: (f), (m), (Pl)
- – verbs are indicated as follows: verb in the infinitive, 1st person in the present tense (with its components), 1st person in the simple past (transitive verbs with personal pronouns and intransitive verbs with their components).
- – example for the intransitive verbs: bûn, ez di-b-im/bû-m
- – example for the transitive verbs: çêkirin, ez çê-di-k-im, min çêkir
- – the present stem is also indicated. Example: -ajo- => s. ajotin
- – example sentences in italics serve as clarifications for the use of the respective word.

B
B

-b-	*s. bûn, s. birin*
baqil	smart, intelligent
baş	good
Tu baş î?	*Are you doing well?*
Belê, ez baş im.	*Yes, I am doing well.*
baştir	better
bav *(m)*	father
bawer bûn, ez bawer im/bû-m *(intr.)*	to believe
Ez bawer im ku ew merivekî baş e.	*I believe that he/she/it is a good person.*
Bazîd	*Turkish.: Doğubayezit*
	(a city in the south east of Turkey)
bebek *(f)*	baby
bedew	beautiful
belê	yes
belîf *(f)*	pillow
ber *(prep.)*	at, by, next to
berê	before, in the past
berx *(f)*	lamb
bê *(Präp.)*	without
bêedebî *(f)*	impoliteness
Ez bêedebîyê dikim.	*I don´t want to be impolite.*
bêî *(prep)*	without
Tu nikarî bêî pere biçî dikanê.	*You cannot go to the shop without money.*
-bêj-	*s. gotin*
bêkêf	listless, half-hearted
bi… *(prep.)*	with
bi munasebeta	*on the occasion of*
-bibîrtîn-	*s. bibîranîn*
bibîranîn, ez bibîr-tîn-im, min bibîranî *(tr.)*	to remember
Ehmedê Xanî tê bibîranîn.	*Ehmedê Xanî is being remembered.*
bihar *(f)*	spring
bi hêrs	angry
bi Kurdî	Kurdish, in Kurdish

bila	shall
biqasî	approximately
bira *(m)*	brother
birazî *(m)*	nephew
bi ... re *(circumpos.)*	with
bi hev re	*together*
Bi min re were malê.	*Come home with me.*
birin, ez di-b-im, min bir *(tr.)*	to bring
bisîklet *(f)*	bicycle
bitenê	alone
bi xêr	blessed
Êvara te bi xêr!	*Good evening!*
Êvara we bi xêr!	*Good evening!*
bîrî kirin, ez bîrîya ... di-k-im, min bîrîya ... kir *(tr.)*	to miss
Ew bîrîya Zozanê dike.	*He/She misses Zozan.*
bîrîkirin *(f)*	longing
-bîn-	*s. dîtin*
bîst	twenty
bîyanî	foreign
bo wî qasî	hence
Bulanix	Turkish: Bulanık (city in the south east) *Kurdish name:* Kop
bûk *(f)*	daughter-in-law, bride
bûn, ez di-b-im/bû-m	to be
Ez doxtor im.	*I am a doctor.*
Ez dibim doxtor.	*I become a doctor.*

C
C

camêr *(m)*	mister
car *(f)*	time
cardin	again
carna	sometimes
Cemsara Bakur	North Pole

cewab dan, ez cewab di-d-im, min cewab da *(tr.)*	to answer
Lezgînê cewab da.	*Lezgîn answered.*
cî *(m)*	place
cînar *(f/m)*	neighbour
cumle *(f)*	sentence

Ç
Ç

-ç-	*s. çûn*
çapemenî *(f)*	press, media
çar	four
çardeh	fourteen
çarşem *(f)*	Wednesday
roja çarşemê	*on Wednesday*
çaryek	quarter
çav *(m)*	*eye*
çawa	how
çax *(m)*	century
tu çaxî	*never*
wê çaxê	*at that time*
çaxtê	when
Çekî *(f)*	Czech
çend	how much, how many
çere	how
çê-k-	*s. çêkirin*
çêkirin, ez çê-di-k-im, min çêkir *(tr.)*	to make, to produce
çi	what
çil	forty
çileyê paşîn *(f)*	January
çileyê pêşîn *(f)*	December
çima	why
çimkî	because
çiqas	how much, how many
çirîya paşin *(f)*	November
çirîya pêşîn *(f)*	October

çîkolata *(f)*	chocolate
çîrok *(f)*	fairy tale, story
çûn *(îst.)*, ez di-ç-im/çû-m *(intr.)*	go
Ew diçe Diyarbekirê.	*He/She/It goes to Diyarbakır.*
çûnkî	because

D
D

-d-	*s. dan*
dan *(îst.)*, ez di-d-im, min da *(tr.)*	to give
Ew kitêbê dide min.	*He/She/It gives me the book.*
danî	*s. danîn*
danîn, ez ... da-tî-n-im, min danî *(tr.)*	to lay, lay down, put
Meriv hemû kartan devarû datîne.	*One lays all cards face down.*
dar *(f)*	tree
daristan *(f)*	forest
datîn-	*s. danîn*
dawet *(f)*	wedding
Dayê!	vocative form of *dê*. Mum!
de	Well!
De baş e!	*Well then!*
defter *(f)*	notebook
deh	ten
delal	dear
dem *(f)*	time
deqîqe *(f)*	minute
der *(m)*	place
derbas bûn, ez derbas di-b-im/bû-m *(intr.)*	to take course
Rojên me xweş derbas dibin.	*Our days take a good course.*
dereng	late
der-k-	*s. derketin*
derketin *(f)*	publishing, appearance
derketin, ez der-di-kev-im/derket-im	to appear, to be published
ders *(f)*	lesson
derva	outside

destê xwe di serê ... re derbas kirin, ez destê xwe di serê ... re derbas dikim, min destê xwe di serê ... re derbas kir destê xwe di serê ... re derbas *(tr.)*	to caress
Ez destê xwe di serê Zozanê re derbas dikim.	*I caress Zozan.*
destpê-k-	*s. destpêkirin*
destpêkirin, ez destpê-di-k-im, min destpêkir *(tr.)*	to begin
Hefteya Ehmedê Xanî destpêdike.	*The Ehmedê Xanî-week begins.*
devarû	face down
dê *(f)*, dîya/dêya min	mother
Dêrîk	a village in the province Muş in Turkey
di ... de *(circumpos.)*	in
Di sinifê de deh zarok hene.	*There are ten children in the class room.*
Di kitêbê de pênc resim hene.	*There are five images in the book.*
dibistan *(f)*	school
dikan *(f)*	shop
dilgeş bûn, ez dilgeş di-b-im/bû-m *(intr.)*	glad, to be glad
Bi Kurdî dilgeş bûm.	*I was glad about Kurdish.*
din	other
dîsa	once again
dît	*s. dîtin*
dîtin, ez di-bîn-im, min dît *(tr.)*	to see
dîwan *(f)*	Divan
dîyalog *(f)*	dialogue
donzdeh	twelve
dosya *(f)*	dossier
doxtor *(f/m)*	doctor
du	two
dudi	two
dumilik	two-humped
duşem *(f)*	Monday
roja duşemê	*on Monday*
dû re	after
dûr	far

E
E

e	is
edebîyat *(f)*	literature
em	we
emr *(m)*	age
enî *(f)*	forehead
enîşk *(f)*	elbow
erd *(m)*	floor
ereb	arabic
erebe *(f)*	car
erê	yes
erzan	cheap
eşîr *(f)*	root
eşkere	obvious
ev	this
evqas	as much
ew	he, she, it, they
ewha	so
ewil	first
ewqas	so much, so many
eynî	equal
ez	I
Ez baş im.	*I am doing well.*

Ê
Ê

êdî	now, meanwhile
êş *(f)*	pain
êvar *(f)*	evening
Êvara te bi xêr!	*Good evening!*
Êvara we bi xêr!	*Good evening!*
êvaran	in the evening
êvarê	in the evening

F
F

Farisî *(f)*	Persian
ferheng *(f)*	dictionary
festîval *(f)*	festival
fêm kirin, ez fêm di-k-im, min fêm kir *(tr.)*	to understand
fîlm *(f)*	film
Flamanî *(f)*	Flemish
fok *(f)*	seal
Fransî *(f)*	French

G
G

gala *(f)*	gala
gava	when
Gava ez diçim mektebê, ez hinekî ditirsim. Lê gava dîya wî çîkolatayê ray wî dide, ew him hêrsê û him jî xeyîdîne ji bîr dike.	*When I go to school, I am a bit afraid. But when his mother showed him the chocolate, he forgot the anger as well as being upset (with his mother).*
gelek	very
-ger-	*s. gerîn*
gerîn (li), ez li … di-ger-im/gerîya-m *(intr.)*	to look for
Ew li te digere.	*He/She/It looks for you.*
gerîn, ez di-ger-im/gerîya-m *(intr.)*	to go for a walk
Em zêde, zêde digerin.	*We go for walks a lot.*
germ	warm, cordial
gewr	grey
gir	big
girt	*s. girtin*
girtin, ez di-gr-im, min girt *(tr.)*	to receive
Zarokan karneyên xwe girtin.	*The children receive their certificates.*
gol *(f)*	lake
gor *(f)*	grave, grave site
got	*s. gotin*

gotin, ez di-bêj-im, min got *(tr.)*	to say
Tu çi dibêjî?	*What do you say?*
Min got: «Ez Kurdî hîn dibim.»	*I said: «I learn Kurdish».*
govend *(f)*	(folk) dance
govend girtin, ez govendê di-gr-im, min govend girt *(tr.)*	to dance
-gr-	*s. girtin*
gulan *(f)*	May
gund *(m)*	village

H
H

han	particle to emphasise (only in connection to a preceded demonstrative pronoun)
har	hyperactive, uneducated
hatin *(îst.)*, ez tê-m/hati-m *(intr.)*	to come
hatin bîra …, tê bîra/hat bîra … *(intr.)*	to remember
havîn *(f)*	summer
hazir	ready
hazir kirin, ez hazir di-k-im, min hazir kir *(tr.)*	to prepare
hebûn, heye/hene	to have (got)
Zarokek min heye.	*I have got a child.*
Du zarokên min hene.	*I have got two children.*
… tune ye.	*… does not exist.*
… tune ne.	*… don´t exist.*
… tunin.	*… don´t exist.*
Zarokên min tune ne/tunin.	*I don´t have children.*
hecî *(f/m)*	pilgrim
heft	seven
hefte *(f)*	week
heftê	seventy
hejmar *(f)*	number
Hekarî *(f)*	turk.: Hakkari (city in the south east of Turkey)
hela	then
Helebçe *(f)*	Halabscha (a city in Northern Irak)

hema	particle to emphasise
Hema evqas?	*That's it?*
hemle	pregnant
hemû	all
hene	*s. hebûn*
henek *(f)*	joke
henek kirin, ez henek di-k-im, min henek kir *(tr.)*	to joke
henne *(f)*	wedding-eve party, henna
her dem	always
herimî	impure (in a religious sense)
herroj	daily, every day
hertim	always
hesp *(m)*	horse
hetanî niha	until now
hewa *(f)*	weather
heval *(f/m)*	friend
hevîr *(m)*	dough
heya	until
heyat *(f)*	life
heye	*s. hebûn*
heyşt	eight
heyştê	eighty
heywan *(f)*	animal
hez kirin (ji...), ez ji ... hez di-k-im, min ji ... hez kir *(tr.)*	to love
Ez ji te hez dikim.	*I love you.*
Min ji te hez dikir.	*I loved you.*
hezar	thousand
hezîran *(f)*	June
hê	still, yet
hêdî	slowly
hêk *(f)*	egg
hênik	cool
hêrs *(f)*	anger

hêrs bûn, ez hêrs di-b-im/bû-m *(intr.)*	upset, to be u. (with)
hêşîn	blue
hêştir *(f)*	camel
him ... him jî	... as well as
Ez him Kurdî, him jî Almanî dizanim.	*I can speak Kurdish as well as German.*
hin	some
hinekî	something, a bit
hirç *(f)*	bear
hirî *(f)*	wool
hîjdeh	eighteen
hîn bûn, ez hîn di-b-im/bû-m *(intr.)*	to learn
Ez Kurdî hîn dibim.	*I learn Kurdish.*
Holandî *(f)*	Dutch
hûn	you (plural)
Hûn baş in?	*Are you well?*
Hûn çi dikin?	*What do you do?*
hûvdeh	seventeen

Î
Î

îcar	now, meanwhile
îdî	now, meanwhile
îlon *(f)*	September
Îngilîzî *(f)*	English
în *(f)*	Friday
înkar kirin, ez înkar di-k-im, min înkar kir *(tr.)*	to deny
înşaellah	hopefully, God willing
îroj	today
îstiqamet *(f)*	direction
Îtalî *(f)*	Italian

J
J

jêhatî	hard-working
ji *(prep.)*	from

ji bîr kirin, ez ... ji bîr di-k-im, min ... ji bîr kir *(tr.)*	to forget
ji bo *(prep.)*	for
Ji bo zêde agahî: rûpel çar.	*For more information: Page four.*
- «Ev antên ji bo çi ye?»	- «What is this antenna for?»
- «Ji bo ez xewnên zelal bibînim.»	- «So that I can see my dreams clearly.»
jin *(f)*, jinik *(f)*	woman
jintî *(f)*	sister-in-law (relationship between the brothers' wives)
ji ... re *(circumpos.)*	for
jimar *(f)*	number
jî	also
-jî-	*s. jîyîn*
jîyan *(f)*	life
jîyîn, ez di-jî-m/jîya-m *(intr.)*	live

K
K

-k-	*s. kirin*
ka	particle to emphasise
kal	old *(only male)*
kal *(m)*	grandpa
kangal *(m)*	Kangal *(dog race)*
kar *(m)*	work
-kar-	*s. karîn*
karîn, ez di-kar-im, min karî *(tr.)*	can, *aux.*
Tu dikarî ji min re vê lîstikê bikirrî?	*Can you buy me this game?*
karne *(f)*	certificate
kart *(f)*	card
Kartên kê zêde bin, ew qezenc dike.	*Whoever has the most cards, wins.*
kartol *(f)*	potato
karton *(f)*	carton
kedî	tame
kerr	deaf
ketin, ez di-kev-im/ket-im (hundir) *(intr.)*	come in, take place
Newzo dikeve odeyê.	*Newzo comes in the room.*
Kurdî ket rêza dudiyan.	*Kurdish took the second place.*

-kev-	*s. ketin*
kevn	old
kê	who, whom, whose
kêf *(f)*	mood
kêfxweş bûn, ez kêfxweş di-b-im/ bû-m *(intr.)*	to be glad
kin	short
kirin, ez di-k-im, min kir *(tr.)*	to do
-kirr-	*s. kirrîn*
kirrîn, ez di-kirr-im, min kirrî *(tr.)*	to buy
kitêb *(f)*	book
kî	who
kîjan	which
konferans *(f)*	conference
kompûter *(f)*	computer
kovar *(f)*	magazine
krîz *(f)*	crisis
ku	that
kur *(m)*	son
Kurdî *(f)*	Kurdish
Kurmancî *(f)*	Kurmanji, Kurdish
kûçik *(m)*	dog
kûvî	wild

L
L

lambe *(f)*	lamp
lastîk *(f)*	tyre
law *(m)*	son, boy
lê	but
Lê tu?	*And you?*
lêv *(f)*	lip
li… *(prep.)*	at
li Cemsara Bakur	*at the North pole*
li kar	*at work*
li malê	*at home*

li ber *(prep.)*	before, at
Zarok li ber erebeyê ye.	*The child is at the car.*
li bin *(prep.)*	under
Kitêb li bin maseyê ye.	*The book is under the table.*
li dar xistin, ez li dar di-x-im, min li dar xist *(tr.)*	to organise
li paş *(prep.)*	behind
Qumande li paş televîzyonê ye.	*The remote control is behind the TV.*
li pêş *(prep.)*	in front
Qumande li pêş televîzyonê ye.	*The remote control is in front of the TV.*
li her derî	everywhere
li ser *(prep.)*	on
Name li ser defterê ye.	*The letter is on the notebook.*
li vir	here
li wir	there
lîstik *(f)*	game
lîstikvan *(f/m)*	player
lîstin, ez di-lîz-im, min lîst *(tr.)*	to play
-lîz-	*s. lîstin*
lok *(m)*	(male) camel
loma	thus

M
M

ma	particle to emphasise a question
mal *(f)*	house
mamoste *(m/f)*	teacher
man (li…), ez di-mîn-im/ma-m *(intr.)*	to live, to stay
Ew li Dîyarbekirê dimîne.	*He/She/It lives/stays in Diyarbakir.*
mase *(f)*	table
masî *(f)*	fish
me	we *(personal pronoun in oblique case)*, our *(possessive pronoun)*
Me got: «Em bi hev re Kurdî hîn dibin.»	*We said: «We learn Kurdish together.»*
Zarokên me tune ne.	*We don't have children.*
meelesef	unfortunately

meh *(f)*	month
mehane	monthly
mekteb *(f)*	school *(f)*
mektûb *(f)*	letter
memory *(f)*	Concentration (game)
mena *(f)*	meaning
mencî *(f)*	(female) camel
merheba	hello
meriv *(m)*	one *(pronoun)*
Meriv hemû kartan devarû datîne.	*One lays all cards face down.*
mezin	big
mezin *(Pl)*	adults
mêr *(m)*, mêrik *(m)*	man
mêrg *(f)*	meadow
mêvan *(f/m)*	guest, visit
mêwe *(m)*	fruit
mêze kirin (li), ez li … mêze di-k-im, min li ... mêze kir *(tr.)*	to watch / to see
Ew li televîzyonê mêze dike.	*He/She/It watches TV.*
mifte *(f)*	answer key
Milazgir *(f)*	Turkish: Malazgirt *(a city in the east of Turkey)*
min	I *(personal pronoun in the oblique case);* my *(possessive pronoun)*
Min got: «Ez Kurdî hîn dibim.»	*I said: «I learn Kurdish.»*
Navê min Azad e.	*My name is Azad.*
mişk *(m)*	mouse
mitbax *(f)*	kitchen
mixaze *(f)*	shop
mîgren *(f)*	migraine
mîlyon	million
-mîn-	*s. man*
mîna (+ *Obl.*)	as
Ez mîna te jêhatî me.	*I am as hard-working as you.*
munasebet *(f)*	occasion

N
N

na	no
name *(f)*	letter
nankor	ungrateful
nas kirin, ez nas di-k-im, min nas kir *(tr.)*	to know
nav *(f)*	middle
nav *(m)*	name
Navê min Xezal e.	*My name is Xezal.*
Û navê te çi ye?	*And what is your name?*
neh	nine
nexweş	ill
nêçîr *(f)*	hunt, catch, quarry
niha	now
-nihêr-	*s. nihêrîn*
nihêrîn, ez di-nihêr-im, min nihêrî *(tr.)*	to look at, to watch
nimêj *(f)*	prayer
nine	no, not
-nivîs-	*s. nivîsîn*
nivîsîn, ez di-nivîs-im, min nivîsî *(tr.)*	to write
nîsan *(f)*	April
nîv *(m)*	half
nîvro *(f)*	afternoon
nîvroyê	in the afternoon
nod	ninety
nonzdeh	nineteen
nûbihar *(f)*	new spring

O
O

organize kirin, ez organize di-k-im, min organîze kir *(tr.)*	to organise
otobês (f)	bus

P
P

paket *(f)*	packet
panzdeh	fifteen
park *(f)*	park
pedagog *(f/m)*	educator
penbe	pink
pencere *(f)*	window
penêr *(m)*	cheese
pere *(m)*	money
pêkenok *(f)*	joke, anecdote
pênc	five
pêncî	fifty
pêncşem *(f)*	Thursday
roja pêncşemê	*on Thursday*
pêş ve çûn, ez pêş ve di-ç-im/çûm *(intr.)*	to improve, to progress
pêvek *(f)*	appendix
piçûk	little
piçûktî *(f)*	childhood
pirç *(f)*	fur
pirr	many, much, very
pirranî *(f)*	majority
-pirs-	*s. pirsîn*
pirsîn (ji...), ez ... ji ... di-pirs-im, min ... ji ... pirsî *(tr.)*	to ask
pisîk *(f/m)*	cat
piştî	after
pîr	old (for people)
pîrê *(f)*	grandma
pîroz kirin, ez pîroz di-k-im, min pîroz kir *(tr.)*	to celebrate
pîyatî	by foot
polês *(f/m)*	police man/woman
Polonî *(f)*	Polish

Portûgalî *(f)*	Portuguese
poz *(m)*	nose, snout
profesor *(f/m)*	professor

Q
Q

qal kirin, ez qala … di-k-im, min qala … kir *(tr.)*	to tell (of)
Ew qala Ehmedê Xanî dike.	*He/She/It tells of Ehmedê Xanî.*
qamyon *(f)*	truck
-qed-	*s. qedîyan*
qedîyan, di-qed-e/qedîya *(intr.)*	to end
qehwexane *(f)*	tea house, café
qehweyî	brown
qelem *(f)*	pen
qe yek	nobody
qeza *(f)*	(rural) district
qezenc kirin, ez qezenc di-k-im, min qezenc kir *(tr.)*	to win
qise kirin, ez qise di-k-im, min qise kir *(tr.)*	to speak, to talk
qîz *(f)*	daughter, girl
qumande *(f)*	remote control

R
R

ra-b-	*s. rabûn, s. rabûn pîya*
rabûn, ez ra-di-b-im/rabû-m *(intr.)*	to get up
rabûn pîya, ez ra-di-b-im/rabû-m pîya *(intr.)*	to get up
rabûn ser xwe, ez ra-di-b-im/rabû-m ser xwe *(intr.)*	to get up
radyo *(f)*	radio
ra-mîs-	*s. ramisîn*
ramisîn, ez ra-di-mîs-im, min ramîsa *(tr.)*	to kiss
Destê te radimîsim.	*I kiss your hand. (sign of modesty/ respect towards elder people)*

rast	right
ray dan, ez ... ray ... di-d-im, min ... ray ... da	to show
ra-zê-	*s. razan*
razan *(f)*	sleep
razan, ez ra-di-zê-m/raza-m *(intr.)*	to sleep
reçel *(m)*	jam
reng *(m)*	colour
reş	black
resim *(f)*	image
rê *(f)*	way
rêncber *(f/m)*	farmer
rêwî *(f/m)*	traveller
rêz *(f)*	row
rica kirin, ez rica di-k-im, min rica kir *(tr.)*	to beg
Rica dikim.	*I beg you.*
roj *(f)*	day
rojane	daily
roja çarşemê	*on Wednesday*
roja duşemê	*on Monday*
roja înê	*on Friday*
rojnamevan *(f/m)*	journalist
Romanî *(f)*	Rumanian
Rûsî *(f)*	Russian
rû-nê-	*s. rûniştin*
rûniştin, ez rû-di-nê-m, ez rûniştim	to sit
rûpel *(f)*	page

S
S

sax	healthy, alive
Sax bî.	*Thank you. (lit. Be healthy.)*
sal *(f)*	year
salî	... years old
Ez donzdeh salî me.	*I am twelve years old.*
Xezal tu çend salî yî?	*How old are you Xezal?*

salon *(f)*	hall
sebze *(m)*	vegetables
sed	hundred
se<u>e</u>t *(f)*	watch
Seet çi ye?	*What time is it?*
-sekin-	*s. sekinîn*
sekinîn (li ser), ez li ser ... disekinim/ sekinî-m *(intr.)*	to treat
semîner *(f)*	seminar
ser *(prep.)*	on, over
serê xwe şûştin, ez serê xwe dişom, min serê xwe şûşt *(tr.)*	take a bath/shower
sê	three
sêşem *(f)*	Tuesday
roja sêşemê	*on Tuesday*
sêv *(f)*	apple
sêzdeh	thirteen
sibat *(f)*	February
sibeh *(f)*	morning
Sibeha te bi xêr.	*Good morning!*
sibehê	in the morning
sibê	short form of *sibehê*
sinif *(f)*	class, classroom
sipî	white
sirf	only, just
sisê	three
sî	thirty
sobarî *(f)*	swim
sobarî kirin, ez sobarîya di-k-im, min sobarî kir *(tr.)*	swim
sohbet kirin, ez sohbet di-k-im, min sohbet kir *(tr.)*	talk
sohbet *(f)*	conversation
sor	red
sosyal	social
Spanî *(f)*	Spanish

spas *(f)*	thanks
spor kirin, ez spor di-k-im, min sohbet kir *(tr.)*	do sports
Stenbol *(f)*	Istanbul
stêr *(f)*	star
stêrk *(f)*	star
stran gotin, ez stranan di-bêj-im, min stran got *(tr.)*	sing

Ş
Ş

şa bûn, ez şa di-b-im/şabû-m *(intr.)*	glad, to be glad / look forward to
şandin, ez di-şîn-im, min şand *(tr.)*	to send
şanzdeh	sixteen
şaredarî *(f)*	municipality
şehir *(m)*	city
şekir *(m)*	Saturday
şemî *(f)*	six
şeş	sixty
şev *(f)*	night
şêst	sechzig
-şîn-	*s. şandin*
ş'îr *(f)*	poem
şîyar kirin (ji...), ez ... ji ... şîyar di-k-im, min ... ji ... şîyar kir *(tr.)*	to rouse, to wake
şofêr *(f/m)*	driver
şûnda	after

T
T

tam *(f)*	taste
tarî	dark
tarî bûn, tarî di-b-e/bû *(intr.)*	to darken
te	you *(personal pronoun in oblique case)*; your *(possessive pronoun)*
Te got: «Ez Kurdî hîn dibim»?	*Did you say: «I learn Kurdish»?*
Navê te çi ye?	*What's your name?*

tebax *(f)*	August
telafûz *(f)*	pronunciation
telebe *(f/m)*	student
telefon *(f)*	phone
telefon kirin, ez telefon di-k-im, min telefon kir *(tr.)*	to call
Ez ê cardin telefon bikim.	*I will call again.*
televîzyon *(f)*	TV
temam	okay
tenê	only, just
teng	narrow, tight
tengasî *(f)*	difficulty, trouble
teṯîl *(f)*	holidays
texmîn kirin, ez texmîn di-k-im, min texmîn kir *(tr.)*	to presume, to estimate
texsî *(f)*	taxi
tê-	*s. hatin*
tim	always
Tirkî	Turkish
-tirs-	*s. tirsîyan*
tirsîyan (ji), ez ji … di-tirs-im/ tirsîya-m *(intr.)*	afraid (of), to be afraid of
tişt *(f)*	thing
tîren *(f)*	tramway
tîrmeh *(f)*	July
tomatês *(f)*	tomato
tov bûn, tov di-b-e/bû *(intr.)*	to gather
tramvay *(f)*	tramway
tu	you
tu çaxî	never
tune ne	*s. hebûn*
tunin	*s. hebûn*
turîst *(f/m)*	tourist

Û
Û

û	and
ûnîversîte *(f)*	university
Ûrdî *(f)*	Urdu

V
V

ve-k-	*s. vekirin*
vekirin, ez ve-di-k-im, min vekir *(tr.)*	to open
vê	*s. ev*
vêca	now
vêyan	this
vir	here
vîdyo *(f)*	video
vîyan	this
vîyanî	this

W
W

wan	they *(personal pronoun in the oblique case)*, their *(possessive pronoun)*
we	you *(personal pronoun in the oblique case)* your *(possessive pronoun, plural)*
We got: «Em bi hev re Kurdî hîn dibin.»?	Did you say: «We learn Kurdish together.»?
Zarokên we tune ne?	Don't you have children?
wek	like, as
welê	so
welleh	By God!
Welleh heyata we xweş e!	I promise by god, your life is beautiful!
-weşîn-	*s. weşandin*
weşandin, ez di-weşîn-im, min weşand *(tr.)*	to publish
wext *(f)*	time, when
Wexta min tune ye.	I have no time.
Wexta ez çûme mektebê, ez hînî Tirkî bûm.	When I went to school, I learned Turkish.

wê	she *(personal pronoun in the oblique case)* her *(possessive pronoun)*
Wê got: «Ez Kurdî dizanim.»	*She said: «I can speak Kurdish.»*
Navê wê çi ye?	*What is her name?*
wê çaxê	at that time, back then
wir	here, there
wî	he *(personal pronoun in the oblique case)* his *(possessive pronoun)*
Wî got: «Ez Kurdî dizanim.»	*He said: «I can speak Kurdish.»*
Navê wî çi ye?	*What is his name?*

X
X

-x-	*s. xistin*
xaltî *(f)*	aunt
xanî *(f)*	house, home
xatir xwestin, ez xatir di-xwaz-im, min xwest *(tr.)*	say goodbye
xeber *(f)*	message
xeber dan, ez xeber di-d-im, min xeber da *(tr.)*	speak
xeberdan *(f)*	conversation
xewn *(f)*	dream
xewn dîtin, ez xewn di-bîn-im, min xewn dît *(tr.)*	dream
xeyal *(f)*	image (in one's mind's eye)
-xeyîd-	*s. xeyîdîn*
xeyîdîn (ji), ez ji ... di-xeyîd-im/ xeyîdî-m *(intr.)*	angry, to be a. (with); upset, to be u.
xeyîdîn *(f)*	anger
xezal *(f)*	gazelle
xistin (li), ez li ... dixim, min li ... xist *(tr.)*	hit
xort	young, youth
xuya bûn, xuya ye	it looks like
xû-d-	*s. xûdan*
xûdan, ez xûdidim, min xû da *(tr.)*	sweat

xwarin *(f)*	food
-xwaz-	*s. xwestin*
xwe	oneself
xwe dan …, ez xwe didim …, min xwe da … *(tr.)*	concentrate on
Ew xwe dide dersê.	*He concentrates on the lesson.*
Xwedê *(m)*	god
Xwedê bihêle!	*God bless (him/her)!*
Xwedê emrê te dirêj bike!	*May God give you a long life!*
xwedî *(f/m)*	owner
xwelî *(f)*	earth, soil
xwendevan *(f/m)*	student, reader
xwendin, ez di-xwîn-im, min xwend *(tr.)*	read, study
Min êvarê pirtûkek xwend.	*I read a book in the evening.*
Min li Londonê ûnîversîte xwend.	*I studied at the university in London.*
xweng *(f)*	sister
xweş	beautiful
xwesî *(f)*	mother-in-law
xwestin, ez di-xwaz-im, min xwest *(tr.)*	want
Ez dixwazim kitêbê bikirrim.	*I want to buy the book.*
xwêdan *(f)*	sweat
xwîn *(f)*	blood
-xwîn-	*s. xwendin*
xwîşk *(f)*	sister
xwûn *(f)*	blood

Y
Y

yan … yan jî	either …or
yanê	that is
yanzdeh	eleven
ye	is
yek	one
yek ne tê de	with the exception of one person
yekmilik	one-humped

yekşem *(f)*	Sunday
roja yekşemê	*on Sunday*
yên din	the others

Z
Z

zanîn, ez di-zan-im, min dizanî *(tr.)*	know, can
zarok *(f)*	child
zehmet	difficult
zelal	clear
zeman *(m)*	time
zewicîn, ez di-zewic-im/zewicî-m *(intr.)*	marry
zêde	much, many, a lot
ziman *(m)*	language, tongue
zimanê dayîkê *(f)*	mother tongue
zimanên Hîndo-Ewrûpî	Indo-European languages
zû	early, fast

FERHENGOKA ÎNGILÎZÎ – KURDÎ

GLOSSARY ENGLISH – KURDISH [1]

adults	mezin *(Pl)*
afraid (of), to be afraid of	tirsîyan (ji), ez ji … di-tirs-im/tirsîya-m *(intr.)*
after	dû re, piştî, şûnda
afternoon	nîvro *(f)*
again	cardin
age	emr *(m)*
Agha, great land owner	axa *(f/m)*
alive	sax
Thank you. (lit. Be healthy.)	*Sax bî.*
all	hemû
alone	bitenê
alphabet	alfabe *(f)*
also	jî
always	her dem, hertim, tim
and	û
anecdote	pêkenok *(f)*
anger	hêrs *(f)*, xeyîdîn *(f)*
angry	bi hêrs
angry, to be a. (with); upset, to be u.	xeyîdîn (ji), ez ji … di-xeyîd-im/xeyîdî-m *(intr.)*

1 LEGEND
  – the grammatical gender is indicated in brackets and in italics behind the noun: (f), (m), (Pl)
  – verbs are indicated as follows: verb in the infinitive, 1st person in the present tense (with its components), 1st person in the simple past (transitive verbs with personal pronouns and intransitive verbs with their components).
  – example for the intransitive verbs: bûn, ez di-b-im/bû-m
  – example for the transitive verbs: çêkirin, ez çê-di-k-im, min çêkir
  – the present stem is also indicated. Example: -ajo- => s. ajotin
  – example sentences in italics serve as clarifications for the use of the respective word.

animal	ḥeywan *(f)*
answer	cewab dan, ez cewab di-d-im, min cewab da *(tr.)*
Lezgîn answered.	*Lezgînê cewab da.*
answer key	mifte *(f)*
antenna	antên *(f)*
appear, to be published	derketin, ez der-di-kev-im/derket-im
appearance	derketin *(f)*
appendix	pêvek *(f)*
apple	sêv *(f)*
approximately	biqasî
April	nîsan *(f)*
arabic	ẹreb
as	wek
as much	evqas
as	mîna *(+ Obl.)*
I am as hard-working as you.	*Ez mîna te jêhatî me.*
... as well as	him ... him jî
I can speak Kurdish as well as German.	*Ez him Kurdî, him jî Almanî dizanim.*
ask	pirsîn (ji...), ez ... ji ... di-pirs-im, min ... ji ... pirsî *(tr.)*
at	li… *(prep.)*
at the North pole	*li Cemsara Bakur*
at work	*li kar*
at home	*li malê*
at that time	wê çaxê
at, by, next to	ber *(prep.)*
August	tebax *(f)*
aunt	xaltî *(f)*

B
B

baby	bebek *(f)*
be	bûn, ez di-b-im/bû-m
I am a doctor.	*Ez doxtor im.*
I become a doctor.	*Ez dibim doxtor.*

bear	hirç *(f)*
beautiful	bedew, xweş
because	çimkî, çûnkî
before, at	li ber *(prep.)*
The child is at the car.	*Zarok li ber erebeyê ye.*
before, in the past	berê
beg	rica kirin, ez rica di-k-im, min rica kir *(tr.)*
I beg you.	*Rica dikim.*
begin	destpêkirin, ez destpê-di-k-im, min destpê-kir *(tr.)*
The Ehmedê Xanî-week begins.	*Hefteya Ehmedê Xanî destpêdike.*
behind	li paş *(prep.)*
The remote control is behind the TV.	*Qumande li paş televîzyonê ye.*
believe	bawer bûn, ez bawer im/bû-m *(intr.)*
I believe that he/she/it is a good person.	*Ez bawer im ku ew merivekî baş e.*
better	baştir
bicycle	bisîklet *(f)*
big	gir, mezin
black	reş
blessed	bi xêr
Good evening!	*Êvara te bi xêr!*
Good evening!	*Êvara we bi xêr!*
blood	xwîn *(f)*, xwûn *(f)*
blue	hêşîn
book	kitêb *(f)*
bored, to be b.	aciz bûn, ez aciz di-bi-m/aciz bû-m *(intr.)*
Newzad is bored.	*Newzad aciz dibe.*
bride	bûk *(f)*
bring	birin, ez di-b-im, min bir *(tr.)*
brother	bira *(m)*
brown	qehweyî
bus	otobês *(f)*
but	lê
And you? But you?	*Lê tu?*
buy	kirrîn, ez di-kirr-im, min kirrî *(tr.)*

by foot	pîyatî
By God!	welleh
I promise by god, your life is beautiful!	*Welleh heyata we xweş e!*

C
C

café	qehwexane *(f)*
call	telefon kirin, ez telefon di-k-im, min tele-fon kir *(tr.)*
I will call again.	*Ez ê cardin telefon bikim.*
camel	hêştir *(f)*
camel (female)	mencî *(f)*
camel (male)	lok *(m)*
can	zanîn, ez di-zan-im, min dizanî *(tr.)*
can, *aux.*	karîn, ez di-kar-im, min karî *(tr.)*
Can you buy me this game?	*Tu dikarî ji min re vê lîstikê bikirrî?*
car	erebe *(f)*
card	kart *(f)*
Whoever has the most cards, wins.	*Kartên kê zêde bin, ew qezenc dike.*
caress	destê xwe di serê ... re derbas kirin, ez destê xwe di serê ... re derbas dikim, min destê xwe di serê ... re derbas kir destê xwe di serê ... re derbas *(tr.)*
	Ez destê xwe di serê Zozanê re
I caress Zozan.	*derbas dikim.*
carton	karton *(f)*
cat	pisîk *(f/m)*
catch	nêçîr *(f)*
celebrate	pîroz kirin, ez pîroz di-k-im, min pîroz kir *(tr.)*
century	çax *(m)*
never	*tu çaxî*
at that time, back then	*wê çaxê*
certificate	karne *(f)*
cheap	erzan
cheese	penêr *(m)*
child	zarok *(f)*
childhood	piçûktî *(f)*

chocolate	çîkolata *(f)*
city	şehir *(m)*
class, classroom	sinif *(f)*
clear	zelal
colour	reng *(m)*
come	hatin *(îst.)*, ez tê-m/hati-m *(intr.)*
come in, take place	ketin, ez di-kev-im/ket-im (hundir) *(intr.)*
Newzo comes in the room.	*Newzo dikeve odeyê.*
Kurdish took the second place.	*Kurdî ket rêza dudiyan.*
computer	kompûter *(f)*
concentrate on	xwe dan ..., ez xwe didim ..., min xwe da ... *(tr.)*
He concentrates on the lesson.	*Ew xwe dide dersê.*
Concentration (game)	memory *(f)*
conference	konferans *(f)*
conversation	sohbet *(f)*, xeberdan *(f)*
cool	hênik
cordial	germ
crisis	krîz *(f)*
Czech	Çekî *(f)*

D
D

daily	herroj, rojane
dance	govend girtin, ez govendê di-gr-im, min govend girt *(tr.)*
(folk) dance	govend *(f)*
dark	tarî
darken	tarî bûn, tarî di-b-e/bû *(intr.)*
daughter	qîz *(f)*
daughter-in-law	bûk *(f)*
day	roj *(f)*
on Wednesday	*roja çarşemê*
on Monday	*roja duşemê*
on Friday	*roja înê*
deaf	kerr
dear	delal

December	çileyê pêşîn *(f)*
deny	înkar kirin, ez înkar di-k-im, min înkar kir *(tr.)*
dialogue	dîyalog *(f)*
dictionary	ferheng *(f)*
difficult	zehmet
difficulty	tengasî
direction	îstiqamet *(f)*
district (rural)	qeza *(f)*
Divan	dîwan *(f)*
do	kirin, ez di-k-im, min kir *(tr.)*
do sports	spor kirin, ez spor di-k-im, min sohbet kir *(tr.)*
doctor	doxtor *(f/m)*
dog	kûçik *(m)*
dossier	dosya *(f)*
dough	hevîr *(m)*
dream	xewn *(f)*
dream	xewn dîtin, ez xewn di-bîn-im, min xewn dît *(tr.)*
drive	ajotin, ez d-ajo-m, min ajot *(tr.)*
And I drive a car by now.	*Ez jî îdî erebeyê dajom.*
driver	şofêr *(f/m)*
Dutch	Holandî *(f)*

E
E

early	zû
earth	xwelî *(f)*
educator	pedagog *(f/m)*
egg	hêk *(f)*
eight	heyşt
eighteen	hîjdeh
eighty	heyştê
either ...or	yan … yan jî
elbow	enîşk *(f)*
eleven	yanzdeh
encyclopaedia	ansîklopedî *(f)*

end	qedîyan, di-qed-e/qedîya *(intr.)*
English	Îngilîzî *(f)*
equal	eynî
estimate	texmîn kirin, ez texmîn di-k-im, min tex-mîn kir *(tr.)*
evening	êvar *(f)*
Good evening!	*Êvara te bi xêr!*
Good evening!	*Êvara we bi xêr!*
every day	herroj
everywhere	li her derî
eye	çav *(m)*

F
F

face down	devarû
fairy tale	çîrok *(f)*
far	dûr
farmer	rêncber *(f/m)*
fast	zû
father	bav *(m)*
February	sibat *(f)*
festival	festîval *(f)*
fifteen	panzdeh
fifty	pêncî
film	fîlm *(f)*
first	ewil
fish	masî *(f)*
five	pênc
Flemish	Flamanî *(f)*
floor	erd *(m)*
food	xwarin *(f)*
for	ji … re *(circumpos.)*
for	ji bo *(prep.)*
For more information: Page four.	*Ji bo zêde agahî: rûpel çar.*
- «What is this antenna for?»	*- «Ev antên ji bo çi ye?»*
- «So that I can see my dreams clearly.»	*- «Ji bo ez xewnên zelal bibînim.»*

forehead	e̱nî *(f)*
foreign	bîyanî
forest	daristan *(f)*
forget	ji bîr kirin, ez ... ji bîr di-k-im, min ... ji bîr kir *(tr.)*
forty	çil
four	çar
fourteen	çardeh
French	Fransî *(f)*
Friday	în *(f)*
friend	heval *(f/m)*
from	ji *(prep.)*
fruit	mêwe *(m)*
fur	pirç *(f)*

G
G

gala	gala *(f)*
game	lîstik *(f)*
gather	tov bûn, tov di-b-e/bû *(intr.)*
gazelle	xezal *(f)*
German	Almanî *(f)*
Germany	Almanya *(f)*
get up	rabûn, ez ra-di-b-im/rabû-m *(intr.)*
get up	rabûn pîya, ez ra-di-b-im/rabû-m pîya *(intr.)*
get up	rabûn ser xwe, ez ra-di-b-im/rabû-m ser xwe *(intr.)*
girl	qîz *(f)*
give	dan *(îst.)*, ez di-d-im, min da *(tr.)*
He/She/It gives me the book.	*Ew kitêbê dide min.*
glad, to be glad / look forward to	şa bûn, ez şa di-b-im/şabû-m *(intr.)*
glad, to be glad	dilgeş bûn, ez dilgeş di-b-im/bû-m *(intr.)*
I was glad about Kurdish.	*Bi Kurdî dilgeş bûm.*
go	çûn *(îst.)*, ez di-ç-im/çû-m *(intr.)*
He/She/It goes to Diyarbakır.	*Ew diçe Diyarbekirê.*

go for a walk — gerîn, ez di-ger-im/gerîya-m *(intr.)*
We go for walks a lot. — *Em zêde, zêde digerin.*

god — Xwedê *(m)*
God bless (him/her)! — *Xwedê bihêle!*
May God give you a long life! — *Xwedê emrê te dirêj bike!*

God willing — înşaellah

good — baş
Are you doing well? — *Tu baş î?*
Yes, I am doing well. — *Belê, ez baş im.*

grandma — pîrê *(f)*

grandpa — kal *(m)*

grave, grave site — gor *(f)*

grey — gewr

guest — mêvan *(f/m)*

H
H

half — nîv *(m)*

hall — salon *(f)*

hard-working — jêhatî

have — hebûn, heye/hene
I have got a child. — *Zarokek min heye.*
I have got two children. — *Du zarokên min hene.*
... does not exist. — *... tune ye.*
... don´t exist. — *... tune ne.*
... don´t exist. — *... tunin.*
I don´t have children. — *Zarokên min tune ne/tunin.*

he — wî, ew
He said: «I can speak Kurdish.» — *Wî got: «Ez Kurdî dizanim.»*
He is doing well. — *Ew baş e.*

healthy — sax
Thank you. (lit. Be healthy.) — *Sax bî.*

hello — alo, merheba

hence — bo wî qasî

henna — henne *(f)*

her — wê
What is her name? — *Navê wê çi ye?*

here — li vir, vir, wir

his	wî
What is his name?	*Navê wî çi ye?*
hit	xistin (li), ez li … dixim, min li … xist *(tr.)*
holidays	tetîl *(f)*
home	xanî *(f)*
hopefully	înşaellah
horse	hesp *(m)*
house	mal *(f)*, xanî *(f)*
how	çawa, çere
how much, how many	çend, çiqas
hundred	sed
hunt	nêçîr *(f)*
hyperactive, uneducated	har

I
I

I	ez
I am doing well.	*Ez baş im.*
I, my	min
I said: «I learn Kurdish.»	*Min got: «Ez Kurdî hîn dibim.»*
My name is Azad.	*Navê min Azad e.*
ill	nexweş
image	resim *(f)*
image (in one's mind's eye)	xeyal *(f)*
impoliteness	bêedebî *(f)*
I don't want to be impolite.	*Ez bêedebîyê dikim.*
improve	pêş ve çûn, ez pêş ve di-ç-im/çûm *(intr.)*
impure (in a religious sense)	herimî
in front	li pêş *(prep.)*
The remote control is in front of the TV.	*Qumande li pêş televîzyonê ye.*
in the afternoon	nîvroyê
in the evening	êvaran, êvarê
in the morning	sibehê

in	di ... de *(circumpos.)*
There are ten children in the class room.	*Di sinifê de deh zarok hene.*
There are five images in this book.	*Di kitêbê de pênc resim hene.*
Indo-European languages	zimanên Hîndo-Ewrûpî
information	agahî *(f)*
is	e, ye
it looks like	xuya bûn, xuya ye
Italian	Îtalî *(f)*

J
J

jam	reçel *(m)*
January	çileyê paşîn *(f)*
joke	henek *(f)*, pêkenok *(f)*
joke	henek kirin, ez henek di-k-im, min henek kir *(tr.)*
journalist	rojnamevan *(f/m)*
July	tîrmeh *(f)*
June	hezîran *(f)*
just	ancax, sirf, tenê

K
K

Kangal *(dog race)*	kangal *(m)*
kiss	ramisîn, ez ra-di-mîs-im, min ramîsa *(tr.)*
I kiss your hand.	*Destê te radimîsim. (sign of modesty / respect towards elder people)*
kitchen	mitbax *(f)*
know	nas kirin, ez nas di-k-im, min nas kir *(tr.)*
know	zanîn, ez di-zan-im, min dizanî *(tr.)*
Kurdish, in Kurdish	Kurdî *(f)*, bi Kurdî
Kurmanji	Kurmancî *(f)*

L
L

lake	gol *(f)*
lamb	berx *(f)*

lamp	lambe *(f)*
language	ziman *(m)*
late	dereng
lawyer	avûqat *(f/m)*
lay, lay down, put	danîn, ez … da-tî-n-im, min danî *(tr.)*
The cards are laid face down.	*Meriv hemû kartan devarû datîne.*
learn	hîn bûn, ez hîn di-b-im/bû-m *(intr.)*
I learn Kurdish.	*Ez Kurdî hîn dibim.*
lesson	ders *(f)*
letter	mektûb *(f)*, name *(f)*
life	heyat *(f)*, jîyan *(f)*
like	wek
lip	lêv *(f)*
listless	bêkêf
literature	edebîyat *(f)*
little	piçûk
live	jîyîn, ez di-jî-m/jîya-m *(intr.)*
live	man (li…), ez di-mîn-im/ma-m *(intr.)*
He/She/It lives/stays in Diyarbakir.	*Ew li Dîyarbekirê dimîne.*
longing	bîrîkirin *(f)*
look at	nihêrîn, ez di-nihêr-im, min nihêrî *(tr.)*
look for	gerîn (li), ez li … di-ger-im/gerîya-m *(intr.)*
He/She/It looks for you.	*Ew li te digere.*
love	hez kirin (ji…), ez ji … hez di-k-im, min ji … hez kir *(tr.)*
I love you.	*Ez ji te hez dikim.*
I loved you.	*Min ji te hez dikir.*

M
M

magazine	kovar *(f)*
majority	pirranî *(f)*
make	çêkirin, ez çê-di-k-im, min çêkir *(tr.)*
man	mêr *(m)*, mêrik *(m)*
many, much, very	pirr
March	adar *(f)*
marry	zewicîn, ez di-zewic-im/zewicî-m *(intr.)*

May	gulan *(f)*
media	çapemenî *(f)*
meadow	mêrg *(f)*
meaning	mena *(f)*
meanwhile	îcar, îdî
message	xeber *(f)*
middle	nav *(f)*
migraine	mîgren *(f)*
million	mîlyon
minute	deqîqe *(f)*
miss	bîrî kirin, ez bîrîya ... di-k-im, min bîrîya ... kir *(tr.)*
He/She misses Zozan.	*Ew bîrîya Zozanê dike.*
mister	camêr *(m)*
Monday	duşem *(f)*
on Monday	*roja duşemê*
money	pere *(m)*
month	meh *(f)*
monthly	mehane
mood	kêf *(f)*
morning	sibeh *(f)*
Good morning!	*Sibeha te bi xêr.*
mother	dê *(f)*, dîya/dêya min
mother tongue	zimanê dayîkê *(f)*
mother-in-law	xwesî *(f)*
mouse	mişk *(m)*
much, many, a lot	zêde
Mum!	*Dayê! Vocative form of dê*
municipality	şaredarî *(f)*

N

name	nav *(m)*
My name is Xezal.	*Navê min Xezal e.*
And what is your name?	*Û navê te çi ye?*
narrow	teng
neighbour	cînar *(f/m)*

nephew	birazî *(m)*
never	tu çaxî
new spring	nûbihar *(f)*
night	şev *(f)*
nine	neh
nineteen	nonzdeh
ninety	nod
no	na, nine
nobody	qe yek
North Pole	Cemsara Bakur
nose	poz *(m)*
not	nine
notebook	defter *(f)*
November	çirîya paşîn *(f)*
now	niha, êdî, îcar, îdî, vêca
number	hejmar *(f),* jimar *(f)*

O
O

obvious	eşkere
occasion	munasebet *(f)*
October	çirîya pêşîn *(f)*
okay	temam
old	kevn, pîr (for people), kal *(only male)*
on	li ser *(prep.)*
The letter is on the notebook.	*Name li ser defterê ye.*
on	ser *(prep.)*
once again	dîsa
one	yek
one *(pronoun)*	meriv *(m)*
One lays the cards face down.	*Meriv hemû kartan devarû datîne.*
one-humped	yekmilik
oneself	xwe
only	ancax, sirf
open	vekirin, ez ve-di-k-im, min vekir *(tr.)*

organise	li dar xistin, ez li dar di-x-im, min li dar xist *(tr.)*; organize kirin, ez organize di-k-im, min organîze kir *(tr.)*
other	din
our *(possessive pronoun)*	me
We don't have children.	*Zarokên me tune ne.*
outside	derva
over	ser *(prep.)*
owner	xwedî *(f/m)*

P
P

packet	paket *(f)*
page	rûpel *(f)*
pain	êş *(f)*
park	park *(f)*
pen	qelem *(f)*
Persian	Farisî *(f)*
phone	telefon *(f)*
pilgrim	hecî *(f/m)*
pillow	belîf *(f)*
pink	penbe
place	cî *(m)*, der *(m)*
play	lîstin, ez di-lîz-im, min lîst *(tr.)*
player	lîstikvan *(f/m)*
poem	ş'îr *(f)*
police man/woman	polês *(f/m)*
Polish	Polonî *(f)*
Portuguese	Portûgalî *(f)*
potato	kartol *(f)*
prayer	nimêj *(f)*
pregnant	hemle
prepare	hazir kirin, ez hazir di-k-im, min hazir kir *(tr.)*
press	çapemenî *(f)*

presume	texmîn kirin, ez texmîn di-k-im, min tex-mîn kir *(tr.)*
produce	çêkirin, ez çê-di-k-im, min çêkir *(tr.)*
professor	profesor *(f/m)*
progress	pêş ve çûn, ez pêş ve di-ç-im/çûm *(intr.)*
pronunciation	telafûz *(f)*
publish	weşandin, ez di-weşîn-im, min weşand *(tr.)*
publishing	derketin *(f)*

Q
Q

quarry	hunt
quarter	çaryek

R
R

radio	radyo *(f)*
read	xwendin, ez di-xwîn-im, min xwend *(tr.)*
I read a book in the evening.	*Min êvarê pirtûkek xwend.*
I studied at the university in London.	*Min li Londonê ûnîversîte xwend.*
reader	xwendevan *(f/m)*
ready	hazir
receive	girtin, ez di-gr-im, min girt *(tr.)*
The children receive their certificates.	*Zarokan karneyên xwe girtin.*
red	sor
remember	bibîranîn, ez bibîr-tîn-im, min bibîranî *(tr.)*
Ehmedê Xanî is being remembered.	*Ehmedê Xanî tê bibîranîn.*
remember	hatin bîra …, tê bîra/hat bîra … *(intr.)*
remote control	qumande *(f)*
right	rast
root	eşîr *(f)*
rouse	şîyar kirin (ji...), ez … ji … şîyar di-k-im, min … ji … şîyar kir *(tr.)*
row	rêz *(f)*
Rumanian	Romanî *(f)*
Russian	Rûsî *(f)*

S
S

Saturday	şekir *(m)*
say goodbye	xatir xwestin, ez xatir di-xwaz-im, min xwest *(tr.)*
say	gotin, ez di-bêj-im, min got *(tr.)*
What do you say?	*Tu çi dibêjî?*
I said: «I learn Kurdish».	*Min got: «Ez Kurdî hîn dibim.»*
school	dibistan *(f)*, mekteb *(f)*
seal	fok *(f)*
sechzig	şêst
see	dîtin, ez di-bîn-im, min dît *(tr.)*
seminar	semîner *(f)*
send	şandin, ez di-şîn-im, min şand *(tr.)*
sentence	cumle *(f)*
September	îlon *(f)*
seven	heft
seventeen	hûvdeh
seventy	heftê
shall	bila
she	ew
she	wê
She said: «I can speak Kurdish.»	*Wê got: «Ez Kurdî dizanim.»*
shop	dikan *(f)*, mixaze *(f)*
short	kin
show	ray dan, ez ... ray ... di-d-im, min ... ray ... da
sing	stran gotin, ez stranan di-bêj-im, min stran got *(tr.)*
sister	xweng *(f)*, xwîşk *(f)*
sister-in-law	jintî *(f) (relationship between the brothers' wives)*
sit	rûniştin, ez rû-di-nê-m, ez rûniştim
six	şemî *(f)*
sixteen	şanzdeh
sixty	şeş

sleep	razan *(f)*
sleep	razan, ez ra-di-zê-m/raza-m *(intr.)*
slowly	hêdî
smart, intelligent	baqil
snout	poz *(m)*
so	ewha, welê
so much, so many	ewqas
social	sosyal
soil	xwelî *(f)*
some	hin
something	hinekî
sometimes	carna
son	kur *(m)*, law *(m)*
Spanish	Spanî *(f)*
speak	xeber dan, ez xeber di-d-im, min xeber da *(tr.)*
	qise kirin, ez qise di-k-im, min qise kir *(tr.)*
spring	bihar *(f)*
star	stêr *(f)*, stêrk *(f)*
stay	man (li…), ez di-mîn-im/ma-m *(intr.)*
He/She/It lives/stays in Diyarbakir. "	*Ew li Dîyarbekirê dimîne.*
still	hê
story	çîrok *(f)*
student	telebe *(f/m)*, xwendevan *(f/m)*
study	xwendin, ez di-xwîn-im, min xwend *(tr.)*
I read a book in the evening.	*Min êvarê pirtûkek xwend.*
I studied at the university in Essen.	*Min li Essenê ûnîversîte xwend.*
summer	havîn *(f)*
Sunday	yekşem *(f)*
on Sunday	*roja yekşemê*
sweat	xûdan, ez xûdidim, min xû da *(tr.)*
sweat	xwêdan *(f)*
swim	ajne kirin, ez ajne di-k-im, min ajne kir *(tr.)*
	sobarî kirin, ez sobarîya di-k-im, min sobarî kir *(tr.)*
swim	sobarî *(f)*

T
T

table	mase *(f)*
take a bath/shower	serê xwe şûştin, ez serê xwe dişom, min serê xwe şûşt *(tr.)*
take course	derbas bûn, ez derbas di-b-im/bû-m *(intr.)*
Our days take a good course.	*Rojên me xweş derbas dibin.*
talk	qise kirin, ez qise di-k-im, min qise kir *(tr.);* sohbet kirin, ez sohbet di-k-im, min sohbet kir *(tr.)*
tame	kedî
taste	t̲am *(f)*
taxi	texsî *(f)*
tea house	qehwexane *(f)*
teacher	mamoste *(m/f)*
tell (of)	qal kirin, ez qala … di-k-im, min qala … kir *(tr.)*
He/She/It tells of Ehmedê Xanî.	*Ew qala Ehmedê Xanî dike.*
ten	deh
thanks	spas *(f)*
that	ku
that is	yanê
the others	yên din
then	hela
there	li wir, wir
they	ew, wan
thing	tişt *(f)*
thirteen	sêzdeh
thirty	sî
this	ev, vêyan, vîyan, vîyanî
thousand	h̲ezar
three	sê, sisê
Thursday	pêncşem *(f)*
on Thursday	*roja pêncşemê*
thus	loma

tight	teng
time	car *(f)*, dem *(f)*, wext *(f)*, zeman *(m)*
I have no time.	*Wexta min tune ye.*
to be glad	kêfxweş bûn, ez kêfxweş di-b-im/ bû-m *(intr.)*
today	îroj
together	bi hev re
tomato	tomatês *(f)*
tongue	ziman *(m)*
tourist	turîst *(f/m)*
tramway	tîren *(f)*, tramvay *(f)*
traveller	rêwî *(f/m)*
treat	sekinîn (li ser), ez li ser ... disekinim/ sekinî-m *(intr.)*
tree	dar *(f)*
truck	qamyon *(f)*
Tuesday	sêşem *(f)*
on Tuesday	*roja sêşemê*
Turkish	Tirkî
TV	televîzyon *(f)*
twelve	donzdeh
twenty	bîst
two	du, dudi
two-humped	dumilik
tyre	lastîk *(f)*

U
U

uncle	ap *(m)*
Uncle! vocative	*Apo!*
under	li bin *(prep.)*
The book is under the table.	*Kitêb li bin maseyê ye.*
understand	fêm kirin, ez fêm di-k-im, min fêm kir *(tr.)*
unfortunately	meelesef
ungrateful	nankor

university	ûnîversîte *(f)*
until	<u>h</u>eya
until now	hetanî niha
upset, to be u. (with)	hêrs bûn, ez hêrs di-b-im/bû-m *(intr.)*
Urdu	Ûrdî *(f)*

V
V

vegetables	sebze *(m)*
very	gelek
video	vîdyo *(f)*
village	gund *(m)*

W
W

wake	şîyar kirin (ji...), ez … ji … şîyar di-k-im, min ... ji ... şîyar kir *(tr.)*
want	xwestin, ez di-xwaz-im, min xwest *(tr.)*
I want to buy the book.	*Ez dixwazim kitêbê bikirrim.*
warm	germ
watch	mêze kirin (li), ez li … mêze di-k-im, min li ... mêze kir *(tr.);* nihêrîn, ez di-nihêr-im, min nihêrî *(tr.)*
He/She/It watches TV.	*Ew li televîzyonê mêze dike.*
watch	se<u>e</u>t *(f)*
What time is it?	*Seet çi ye?*
way	rê *(f)*
we	em, me
weather	hewa *(f)*
wedding	dawet *(f)*
wedding-eve party	<u>h</u>enne *(f)*
Wednesday	çarşem *(f)*
on Wednesday	*roja çarşemê*
week	<u>h</u>efte *(f)*
Well!	de
Well then!	*De baş e!*

what	çi
when	çaxtê
when	gava
When I go to school, I am afraid.	*Gava ez diçim mektebê, ez hinekî ditirsim.*
But when his mother showed him the chocolate, he forgot the anger as well as being upset (with his mother).	*Lê gava dîya wî çîkolatayê ray wî dide, ew him hêrsê û him jî xeyîdîne ji bîr dike.*
when	wext
When I went to school, I learned Turkish.	*Wexta ez çûme mektebê, ez hînî Tirkî bûm.*
which	kîjan
white	sipî
who	kî, kê *(pronoun in oblique case)*
who, whom, whose	kê
why	çima
wild	kûvî
win	qezenc kirin, ez qezenc di-k-im, min qezenc kir *(tr.)*
window	pencere *(f)*
with	bi… *(prep.)*
on the occasion of	*bi munasebeta*
with	bi … re *(circumpos.)*
Come home with me.	*Bi min re were malê.*
with the exception of	ne tê de
with the exception of one person	yek ne tê de
without	bê *(Präp.)*
without	bêî *(prep)*
You cannot go to the shop without money.	*Tu nikarî bêî pere biçî dikanê.*
woman	jin *(f)*, jinik *(f)*
wool	hirî *(f)*
work	kar *(m)*
write	nivîsîn, ez di-nivîs-im, min nivîsî *(tr.)*

Y
Y

year	sal *(f)*
… years old	salî
I am twelve years old.	*Ez donzdeh salî me.*
How old are you Xezal?	*Xezal tu çend salî yî?*
yes	belê, erê
yet	hê
you	tu, te *(personal pronoun in the oblique case)*
Did you say: «I learn Kurdish»?	*Te got: «Ez Kurdî hîn dibim»?*
you	hûn *(plural)*
Are you well?	*Hûn baş in?*
What do you do?	*Hûn çi dikin?*
your	te *(possessive pronoun)*
What's your name?	*Navê te çi ye?*
your *(possessive pronoun, plural)*	we
Did you say: «We learn kurdish together.»?	*We got: «Em bi hev re Kurdî hîn dibin.»?*
Don´t you have children?	*Zarokên we tune ne?*
young	xort
youth	xort

VERB STEMS

HERDU KOKÊN FI'ÎLAN

Infinitive	Present Tense (Present stem in **bold**)	Simple Past Tense (Perfect Stem of the intransitive verbs in **bold**)
aciz bûn *(intr.)*	ez **aciz** di-b-im	ez **aciz** bû-m
ajotin *(tr.)*	ez d-**ajo**-m	min ajot
bawer kirin *(tr.)*	ez **bawer** di-k-im	min bawer kir
bibîranîn *(tr.)*	ez **bibîr**-tî-n-im	min bibîranî
birin *(tr.)*	ez di-**b**-im	min bir
bîrî kirin *(tr.)*	ez **bîrîya** ... di-**k**-im	min bîrî ... kir
bûn *(intr.)*	ez di-**b**-im	ez **bû**-m
cewab dan *(tr.)*	ez **cewab** di-**d**-im	min cewab da
çêkirin *(tr.)*	ez **çê**-di-**k**-im	min çêkir
çûn *(intr.)*	ez di-**ç**-im	ez **çû**-m
dan *(tr.)*	ez di-**d**-im	min da
danîn *(tr.)*	ez ... **da**-tî-**n**-im	min danî
derbas bûn *(intr.)*	ez **derbas** di-b-im	ez **derbas bû**-m
derketin *(intr.)*	ez **der**-di-**kev**-im	ez **derket**-im
destpêkirin *(tr.)*	ez **destpê**-di-**k**-im	min destpêkir
dilgeş bûn *(intr.)*	ez **dilgeş** di-b-im	ez **dilgeş bû**-m
dîtin *(tr.)*	ez di-**bîn**-im	min dît
fêm kirin *(tr.)*	ez **fêm** di-**k**-im	min fêm kir
gerîn (li) *(intr.)*	ez **li** ... di-**ger**-im	ez **li** ... **gerîya**-m
gerîn *(intr.)*	ez di-**ger**-im	ez **gerîya**-m
girtin *(tr.)*	ez di-**gr**-im	min girt
gotin *(tr.)*	ez di-**bêj**-im	min got
govend girtin *(tr.)*	ez **govendê** di-**gr**-im	min govend girt
hatin *(intr.)*	ez **tê**-m	ez **hat**-im
hatin bîra *(intr.)*	**tê**- bîra ...	**hat**- bîra ...
ḥazir kirin *(tr.)*	ez **hazir** di-**k**-im	min hazir kir
hez kirin (ji) *(tr.)*	ez **ji** ... **hez** di-**k**-im	min ji ... hez kir
hîn bûn *(intr.)*	ez **hîn** di-b-im	ez **hîn bû**-m

înkar kirin *(tr.)*	ez **înkar** di-**k**-im	min înkar kir
ji bîr kirin *(tr.)*	ez ... **ji bîr** di-**k**-im	min ... ji bîr kir
ketin *(intr.)*	ez di-**kev**-im	ez **ket**-im
kêfxweş bûn *(intr.)*	ez **kêfxweş** di-**b**-im	ez **kêfxweş bû**-m
kirin *(tr.)*	ez di-**k**-im	min kir
kirrîn *(tr.)*	ez di-**kirr**-im	min kirrî
lîstin *(tr.)*	ez di-**lîz**-im	min lîst
man (li) *(intr.)*	ez **li** ... di-**mîn**-im	ez **li** ... **ma**-m
mêze kirin (li) *(tr.)*	ez (li) **mêze** di-**k**-im	min li ... mêze kir
nas kirin *(tr.)*	ez **nas** di-**k**-im	min nas kir
nihêrîn *(tr.)*	ez di-**nihêr**-im	min nihêrî
nivîsîn *(tr.)*	ez di-**nivîs**-im	min nivîsî
organize kirin *(tr.)*	ez **organize** di-**k**-im	min organîze kir
pêş ve çûn *(intr.)*	ez **pêş ve** di-**ç**-im	ez **pêş ve çû**-m
pirsîn (ji)	ez **ji** ... di-**pirs**-im	min ... ji ... pirsî
pîroz kirin *(tr.)*	ez **pîroz** di-**k**-im	min pîroz kir
qal kirin *(tr.)*	ez **qala** ... di-**k**-im	min qala ... kir
qedîyan *(intr.)*	di-**qed**-e	ez **qedîya**-m
qezenc kirin *(tr.)*	ez **qezenc** di-**k**-im	min qezenc kir
qise kirin *(tr.)*	ez **qise** di-**k**-im	min qise kir
rabûn *(intr.)*	ez **ra**-di-**b**-im	ez **rabû**-m
rabûn pîya *(intr.)*	ez **ra**-di-**b**-im **pîya**	ez **rabû**-m **pîya**
rabûn ser xwe *(intr.)*	ez **ra**-di-**b**-im **ser xwe**	ez **rabû**-m **ser xwe**
ramisîn *(tr.)*	ez **ra**-di-**mîs**-im	min ramîsa
ray dan *(tr.)*	ez **ray** di-**d**-im	min ... ray ... da
razan *(intr.)*	ez **ra**-di-**zê**-m	ez **raza**-m
rica kirin *(tr.)*	ez **rica** di-**k**-im	min rica kir
rûniştin *(intr.)*	ez **rû**-di-**nê**-m	ez **rûnişt**-im
sekinîn (li ser) *(intr.)*	ez **li ser** ... di-**sekin**-im	ez **li ser** ... **sekinî**-m
serê xwe şûştin *(tr.)*	ez **serê xwe** di-**şo**-m	min serê xwe şûşt
sobarî kirin *(tr.)*	ez **sobarîya** di-**k**-im	min sobarî kir
sohbet kirin *(tr.)*	ez **sohbet** di-**k**-im	min sohbet kir
spor kirin *(tr.)*	ez **spor** di-**k**-im	min spor kir
stran gotin *(tr.)*	ez **stranan** di-**bêj**-im	min stran got

şa bûn *(intr.)*	ez **şa** di-**b**-im	ez **şa bû**-m
şandin *(tr.)*	ez di-**şîn**-im	min şand
şîyar kirin (ji)	ez **ji** ... **şîyar** di-**k**-im	min ... ji ... şîyar kir
telefon kirin *(tr.)*	ez **telefon** di-**k**-im	min telefon kir
texmîn kirin *(tr.)*	ez **texmîn** di-**k**-im	min texmîn kir
tirsîyan (ji) *(intr.)*	ez **ji** ... di-**tirs**-im	ez **ji** ... **tirsîya**-m
tirsîn *(intr.)*	ez di-**tirs**-im	ez **tirsîya**-m
vekirin *(tr.)*	ez **ve**-di-**k**-im	min vekir
weşandin *(tr.)*	ez di-**weşîn**-im	min weşand
xatir xwestin *(tr.)*	ez **xatir** di-**xwaz**-im	min xatir xwest
xeber dan *(tr.)*	ez **xeber** di-**d**-im	min xeber da
xeyîdîn (ji) *(intr.)*	ez **ji** ... di-**xeyîd**-im	ez **ji** ... **xeyîdî**-m
xistin (li) *(tr.)*	ez **li** ... di-**x**-im	min li .. xist
xûdan *(tr.)*	ez **xû**-di-**d**-im	min xû da
xwe dan *(tr.)*	ez **xwe** di-**d**-im ...	min xwe da ...
xwendin *(tr.)*	ez di-**xwîn**-im	min xwend
xwestin *(tr.)*	ez di-**xwaz**-im	min xwest

INDEX

ÎNDEKS

Adjective (p. 54)

Adverb (p. 80)

Affirmative and Negative Answers
    (p. 34, 37)

Age (p. 31)

Alphabet (p. 11–14, 2, 32–33)

Attribute (p. 54, 117)

Bûn (p. 20)

Circumposition (p. 78–79, 123)

Demonstrative Pronouns in the Direct
    Case (p. 54)

Demonstrative Pronouns in the Oblique
    Case (p. 80, 98)

Direct Case (p. 19, 54, 78, 98, 144–145,
    150)

Ehmedê Xanî (p. 129)

Ereb Şemo (p. 130)

Ergativity (p. 8, 145–146, 151, 158)

«e»–sound (p. 11, 33)

Expression of Possessive States (p. 86–
    89, 117)

Ezafe (p. 42–43, 54, 86–88, 92, 98, 117)

Future Tense (p. 77, 116–117, 131, 138)

Gender (p. 42, 131)

Grammatical Case
  Direct Case (p. 19, 54, 78, 98, 144–
    145, 150)

  Oblique Case (p. 19, 77–78, 86–87,
    98, 117, 144–145)

  Vocative Case (p. 19, 26)

  Expression of Possessive States
    (p. 86–88, 117)

Grammatical Mood
  Imperative (p. 77, 95–97, 138)

  Subjunctive (p. 105–106, 110, 132)

Grammatical Tense
  Future Tense (p. 77, 116–117, 131,
    138)

  Imperfect Tense (p. 156)

  Past Perfect Tense (p. 159)

  Perfect Stem (p. 45, 139, 158)

  Perfect Tense (p. 152)

  Present Tense (p. 44–45, 49, 59, 77,
    94–96, 104–105, 110)

  Simple Past Tense / Preterite (p. 139–
    141, 144, 155)

Greeting (p. 42, 131)

Hatin (p. 60, 96, 105, 131–132)

Heye / Hene (p. 88)

«h»–sound (p. 11, 32)

Imperative (p. 71, 95–97, 138)

Indefinite Suffix (p. 71, 86, 92)

Interrogative Sentence (p. 20)

Kurmancî (p. 76)

Language (p. 64–66, 76)

Language Ban in Turkey (p. 155)

Melayê Cizîrî (p. 30)

Name (p. 31)

Names of the Days of the Week (p. 132)

Negative Form (p. 59, 68, 88, 96, 110,
    116, 140–141, 146)

Nominalisation of Verbs (p. 132)

Numbers (p. 25, 62, 73)

Oblique Case (p. 19, 77–78, 86–87,
    97–98, 117, 144–145)

Parting (p. 23)

Passive Voice (p. 131)

Past Perfect Tense (p. 159)

Perfect Stem (p. 45, 139, 158)

Perfect Tense (p. 152)

Personal Pronouns in the Direct Case (p. 19)

Personal Pronouns in the Oblique Case (p. 42, 145)

Plural (p. 49, 117)

Possessive Pronouns (p. 43–44, 97–98)

Prepositions (p. 78–79, 79, 123)

Present Tense (p. 44–45, 49, 59, 77, 94–96, 104–105, 110)

Pronouns
  Demonstrative Pronouns in The Direct Case (p. 54)
  Personal Pronouns in the Direct Case (p. 19)
  Demonstrative Pronouns in the Oblique Case (p. 80, 98)
  Personal Pronouns in the Oblique Case (p. 42, 145)

Possessive Pronouns (p. 43–44, 97–98)

Semivowel (p. 54)

Sentence Structure
  Interrogative Sentence (p. 20)
  Sentence Structure (p. 68, 79, 107)

Simple Past Tense / Preterite (p. 139–141, 144, 155)

Subjunctive (p. 105–106, 110, 132)

Telling Time (p. 26, 80, 161)

That / Those (p. 99)

Verb Structure (p. 118–119, 131)

Verbs with Prepositional Objects (p. 79)

Vocative Case (p. 19, 26)

«x–» and «w»–sounds (p. 12, 22)

Xwe (p. 97–98)

Zanin (p. 68)

FIRST NAMES

NAVÊN KEÇ U LAWAN

♂ = *boy names*   ♀ = *girl names*

Aram (♂)

Avşîn (♂)

Awê (♂)

Berçem (♀)

Berfîn (♀)

Bêjan (♀)

Bêrîvan (♀)

Bihar (♀)

Binefş (♀)

Binevş (♀)

Cahît (♂)

Can (♂)

Canan (♀)

Casim (♂)

Celadet (♂)

Cemîle (♀)

Cemşîd (♂)

Cewad (♂)

Cewdet (♂)

Cewê (♀)

Ciwan (♂)

Cîgerxwîn (♂)

Cîhan (♂)

Cîhat (♂)

Cîwan (♂)

Çaçan (♂)

Çem (♀)

Çetîn (♂)

Çinar (♀)

Çira (♀)

Çîya (♂)

Çolo (♂)

Çopî (♀)

Derya (♀)

Dilber (♀)

Dildar (♂)

Diljen (♂)

Dilnaz (♀)

Dilovan (♀)

Dirbas (♂)

Dîno (♂)

Ehmed (♂)

Elî (♂)

Elîf (♀)

Emer (♂)

Evîn (♀)

Êzdîn (♂)

Fadil (♂)

Fatê (♀)

Feqî (♂)

Ferîde (♀)

Filînta (♂)

Gelawêj (♀)

Gogê (♀)

Gul (♀)

Gulê (♀)

Gulsim (♀)

Havîn (♀)

Hemdî (♂)

Hesen (♂)

Heval (♂)

Heyder (♂)

Hêja (♀)

Hêjar (♂)

Hêlîn (♀)

Hêvî (♀)

Hisên (♂)

Îrfan (♂)

Jale (♀)

Jîyan (♂) (♀)

Kamûran (♂)

Kejê (♀)

Kûvî (♂)

Leman (♀)
Leyla (♀)
Lezgîn (♀) (♂)

Melek (♀)
Mexso (♂)
Mêrxas (♂)
Mişîqe (♀)
Mistefa (♂)
Murat (♂)
Mûsa (♂)

Nalan (♀)
Nejat (♂)
Newzad (♂)
Newzo (♂)
Nûdem (♀)
Nûrê (♀)

Osman (♂)

Pelda (♀)
Perwîn (♀)

Qasim (♂)
Qedrî (♂)
Qerê (♀)
Qeşeng (♂)
Qîmet (♀)
Qulîxan (♂)
Quto (♂)

Reşat (♂)
Reşo (♂)
Rênas (♂)
Rizgo (♂)
Rizo (♂)
Rohat (♂)
Roj (♂)
Rojbîn (♀)
Rojda (♀)
Rojen (♂)
Rojîn (♀)

Sebah (♂)
Selîm (♂)
Selman (♂)
Serfînaz (♀)
Serwet (♂)
Sêvdîn (♂)
Silêman (♂)
Sitî (♀)
Sînemxan (♀)
Sorgul (♀)
Sosin (♀)
Sureyya (♂)
Sûzan (♀)

Şakîr (♂)
Şemdîn (♂)

Tewfîq (♂)

Ûsib (♂)

Wedat (♂)
Welat (♂)
Welî (♂)
Wesîla (♀)
Weysel (♂)
Wezîr (♂)

Xanî (♂)
Xebat (♂)
Xecê (♀)
Xelef (♂)
Xezal (♀)
Xêrîya (♀)
Xêro (♂)
Xwedêda (♂)
Yelda (♀)

Zal (♂)
Zebîde (♀)
Zeyneb (♀)
Zeyneba (♀)
Zeytûn (♀)
Zêrrîn (♀)
Zilkîf (♂)
Zînê (♀)
Zînnet (♀)
Zozan (♀)

TRACK LIST

1 Intro
2 Pronunciation – Names (p. 13, no. 1)
3 Pronunciation – Letters (p. 13, no. 1)
4 Exercise – Cloze (p. 13, no. 3)
5 Pronunciation – Names (p. 15, no. 6)
6 Exercise – Cloze (p. 15, no. 7)
7 Dîyalog yek (p. 16)
8 Controlling the intonation (p. 21, no. 7b)
9 The sounds «x» und «w» (p. 22, no. 8),
10 Dîyalog dudi (p. 24)
11 Dîyalog sisê (p. 30)
12 The «h»-sound (p. 32, no. 2)
13 The «e»-sound (p. 33, no. 3)
14 Dîyalog çar (p. 34)
15 Dîyalog pênc (p. 37)
16 Dîyalog şeş (p. 39)
17 Heywanên kedî û heywanên kuvî (p. 51–52)
18 Newzad aciz dibe (p. 58)
19 The numbers (p. 67, no. 1)
20 Dîyalog heft (p. 68)
21 Hin cumle (p. 70)
22 Nejat nameyekê dinivîse (p. 74)
23 Dîyalog heyşt (p. 85)
24 Dîyalog neh (p. 93)
25 Dîyalog deh (p. 103)
26 Nejat nameyeke din dinivîse (p. 113)
27 Ji çapemenîyê (p. 127)
28 Çend pêkenok (p. 135)
29 Ji edebîyata kurdî (p. 153)